111

AF563929

FERNAND FOUREAU
Correspondant du Ministère de l'Instruction Publiq

DANS LE GRAND ERG

MES ITINÉRAIRES SAHARIENS

DE DÉCEMBRE 1895 A MARS 1896

RAPPORT

 ADRESSÉ

A Monsieur le Ministre de l'Instruction Publique
A Monsieur le Gouverneur de l'Algérie
A l'Académie des Inscriptions et Belles-Lettres

PARIS
Augustin CHALLAMEL, Éditeur
Rue Jacob, 17
LIBRAIRIE MARITIME ET COLONIALE

1896

L8°K 721.

DANS LE GRAND ERG

MES

ITINÉRAIRES SAHARIENS

DE DÉCEMBRE 1895 A MARS 1896

1721

TYPOGRAPHIE FIRMIN-DIDOT ET Cie. — MESNIL (EURE).

FERNAND FOUREAU

Correspondant du Ministère de l'Instruction Publique

DANS LE GRAND ERG

BIBLIOTHÈQUE NATIONALE R.F. IMPRIMÉS

MES ITINÉRAIRES SAHARIENS

DE DÉCEMBRE 1895 A MARS 1896

RAPPORT

ADRESSÉ

A MONSIEUR LE MINISTRE DE L'INSTRUCTION PUBLIQUE
A MONSIEUR LE GOUVERNEUR DE L'ALGÉRIE
A L'ACADÉMIE DES INSCRIPTIONS ET BELLES-LETTRES

PARIS

AUGUSTIN CHALLAMEL, ÉDITEUR

RUE JACOB, 17

LIBRAIRIE MARITIME ET COLONIALE

1896

PROLOGUE

Lors de mon dernier voyage, c'est-à-dire au printemps de 1895, ma mission avait été attaquée par un parti nombreux de dissidents de l'Ouest et j'avais été forcé de rentrer en Algérie et de remettre à plus tard ma nouvelle tentative de pénétration dans le Sahara central par le pays des Touareg Azdjer.

L'été de 1895 s'était passé pour moi en démarches et en préparatifs destinés à me permettre de reprendre à l'automne ma marche interrompue.

Les Touareg m'avaient donné de leurs nouvelles et m'avaient mis au courant du passage chez eux du ghezi dont ils avaient été victimes, le même qui m'avait attaqué le 4 mai 1895 à El-Bïodh du reste. Ils avaient *officiellement accusé réception* des sommes versées le 3 février 1895, par les autorités françaises à El-Oued, entre les mains de leurs deux mandataires, amenés par moi-même en Algérie lors de mon voyage de l'hiver 1894-1895; ils disaient en propres termes : « Foureau a tenu sa parole vis-à-vis de nous, les chameaux nous ont été payés, et nous nous n'avons pas encore rempli nos engagements ni soldé notre dette vis-à-vis de lui... » C'est-à-dire qu'ils acceptaient nettement l'idée, qu'ils me devaient maintenant le passage à travers leur pays et l'escorte jusque dans l'Aïr, puisque telles étaient mes conventions antérieures avec eux. Ils imputaient ce retard dans l'exécution de leurs promesses, à l'état de trouble de leur pays, et au peu d'autorité dont jouissent les chefs dans le Sahara, mais ils convenaient que cette dette devait être payée, tout en essayant d'éloigner le plus possible, suivant leur invariable habitude, la date du règlement. Comme le caractère temporisateur, retors et fourbe des Touareg m'est depuis longtemps connu, je pensais qu'il était nécessaire de ne pas laisser les choses aller au gré de leurs désirs, et qu'il devenait indispensable de leur forcer plus ou moins la main en les mettant en demeure de s'exécuter. Il était impossible d'obtenir gain de cause par lettres, d'autant qu'un temps très long s'écoule forcément entre la demande et la réponse, les interlocuteurs se trouvant séparés par des milliers de kilomètres de désert. Je résolus donc de rejoindre au plus tôt les notables, et, dès la fin de l'été j'étais prêt à partir.

Le Gouverneur de l'Algérie n'était pas partisan d'un départ immédiat, il craignait les surprises et il redoutait de me voir entrer chez les Touareg au milieu de l'état de trouble qui lui était signalé chez ces derniers. Le général de la Roque commandant la division de Constantine — qui du reste le renseignait à ce sujet — était surtout opposé à mon départ et manifestait une très grande inquiétude.

J'étais d'avis, pour mon compte, que l'on ne peut juger sûrement que sur place et qu'il est difficile de se faire une opinion d'après les informations souvent contradictoires et presque toujours entachées d'exagérations ou tendancieuses du Sahara. Je résolus donc de partir, tout en laissant mon itinéraire entre les mains de M. le Gouverneur et en lui promettant de me ranger à l'avis qu'il me ferait transmettre en route s'il persistait à s'opposer nettement à ma marche vers le Sahara central. Dans ces conditions j'aurais encore la possibilité de faire un voyage fructueux au point de vue géographique et je continuerais, faute de mieux, à étudier la région du Grand Erg ; c'est du reste ce qui a eu lieu en définitive, en raison des communications de M. le Gouverneur qui me sont parvenues en cours de route.

Mes fonds de mission ne me permettaient pas d'emmener plus de 27 hommes d'escorte. Ces gens, tous Chambba, étaient à peu près les mêmes que ceux de l'hiver dernier et je conservais mon ancien chef de convoi El-Hadj-Abdul-Hâkem. J'étais en outre accompagné, comme les années précédentes, de mon matelot Villatte.

CARNET DE ROUTE

I

PLAINES ALGÉRIENNES ET TUNISIENNES AU NORD DE L'ERG

13 Décembre 1895. — La mission en partant de Biskra passe par Oumach, puis un peu au Nord de Chegga, et rejoint la route directe d'El-Oued qu'elle suit jusqu'au Bordj de Sif-el-Menadi non loin duquel elle campe dans son S. O. le **17 décembre.** Toute cette contrée étant absolument connue il est inutile de la décrire.

18 Décembre. — La marche se poursuit sur un sol de sable gypseux recouvert de très petites dunes, et coupé — pendant la première moitié de la route — par trois petits chotts. Le vent de Sud-Ouest est extrêmement violent et il soulève tellement de sable que nous sommes aveuglés, surtout à cause de la direction que nous suivons, et forcés de camper à une heure dans une petite ride de sable voisine du Bir Messelmi. J'envoie huit ou dix hommes à la recherche de l'orifice de ce puits que je tiens à voir et ils reviennent nous annoncer dans la soirée qu'il est peu éloigné de notre campement.

19 Décembre. — Même terrain de nebka couvert de petites buttes de sable avec une végétation, très dense mais sèche, composée de Drinn sur les dunes, et partout ailleurs de Semhari, d'Alenda, de Baguel, avec quelque peu de Zita sur la dernière partie de la route.

On abreuve les chameaux à Bir Messelmi où l'eau est fort mauvaise, puis nous repartons sur le même terrain qui ne varie pas jusqu'en A. En C, Bordj de Bou-Châma qui touche l'erg du même nom à la pointe Sud duquel nous passons.

Un peu plus loin, en D, nous coupons la route d'El-Oued et nous entrons alors dans une région à sol, tantôt de sable tantôt de roche de gypse, avec quelques mornes très peu élevés de gypse en petits éléments ou en roche s'effritant. La végétation est toujours sèche, sauf le Zita, dont l'endurance est très grande, et l'Alenda qui est très abondant. Le campement est établi dans le Nord-Est de Bir Bou-Châma.

20 Décembre. — Pendant la nuit nous avons eu de la pluie avec fort vent de Sud. La plaine sur laquelle marche aujourd'hui la mission est toujours constituée par du gypse affleurant souvent en roches rondes, disloquées ; elle est coupée de petites buttes de sable et ponctuée çà et là de mornes formant plateaux allongés ne dépassant pas en élévation une vingtaine de mètres en A. B. et C.

En A, Garet Djaballa, en B, Aleb Lejet-El-Ibel, entre les deux on traverse la plaine basse dite Ouad Bedjeloud qui va se déverser plus au Nord dans le chott du même nom.

Quelques autres collines s'élèvent dans notre Nord, tandis qu'au Sud nous relevons successivement les Guemira indiquant, l'une Guemar — dont on aperçoit les palmiers les plus septentrionaux — et l'autre Debila que nous laissons assez loin dans le Sud-Sud-Ouest.

Nous traversons bientôt les medjebed qui conduisent du Souf vers Negrine et Ferkane, et nous campons au pied Ouest d'une chaîne de dunes qui se nomme Areg-el-Arich et qui nourrit — dans sa partie basse — baucoup de Drinn rongé presque jusqu'au sol par la dent des nombreux chameaux du groupe d'oasis du voisinage.

Tout le jour même végétation que la veille (bien entendu absolument sèche). On trouve seulement sur le plateau B un peu d'Aarfedj.

Les cartes de toute cette région laissent encore beaucoup à désirer.

21 Décembre. — Nous marchons à travers l'Areg-El-Arich. Cette chaîne est peu élevée mais difficile bien que la pluie tombée il y a peu de temps assure à ces sables, habituellement très instables, une solidité inaccoutumée. Les sommets les plus élevés n'atteignent pas 40 mètres, mais les siouf sont absolument confus. En B plaine de gypse où percent quelques très petits mamelons de même nature. La plaine est recouverte de petites buttes de sable avec végétation sèche de Drinn, d'Alenda et de Baguel. A cette plaine succède une nouvelle chaîne, identique à la précédente, mais peu importante au point où nous la traversons, tout près de son extrémité Nord. Nous retombons ensuite sur une plaine de même constitution que la plaine B. Dans notre Nord et à petite distance en C, reste le puits dit Bir Guemgam. Dans cette plaine la végétation commence à verdir à cause des pluies locales (*chorrâfa*) (1) tombées depuis quelque temps déjà. La chute d'eau a dû être ici assez abondante car, en creusant le sable, nous le trouvons humide jusqu'à une profondeur qui excède 70 centimètres. Il n'y a pas solution de continuité entre l'humidité produite par les pluies anciennes et par celles de ces derniers jours.

Une chaîne de dunes épaisse vient ensuite nous barrer la route ; cette chaîne D est très difficile et très fatigante à franchir; elle est composée de siouf entremêlés laissant parfois des intervalles, à assez grandes surfaces, libres de sable ou du moins très peu encombrés. On a profité, dans la partie Sud de cette chaîne, de ces emplacements découverts pour planter quelques palmiers, particulièrement en E où s'élèvent ceux dits de Ben-Abderrhaman.

En K, à la sortie de cette chaîne — qui du reste se prolonge au Sud jusqu'à eux — nous voyons au loin les palmiers du Bir Ben-Khalifa; nous parcourons une surface plane F qui nous conduit au puits dit Bir El-Hadj-Kaddour-Be-Chouachi, puits très peu profond contenant de bonne eau. Il est situé sur le medjebed même qui mène d'El-Oued au Djerid, et d'autres portant le même nom se creusent dans ses environs immédiats.

La plaine F traversée avant l'arrivée au puits — et qui se continue au delà, jusqu'au point où nous campons — est à sol de sable en rides insignifiantes ou en très petites dunes laissant

(1) Les Arabes appellent *chorrâfa* des pluies partielles ayant arrosé des surfaces restreintes, provenant de nuages isolés ou d'orages localisés : *Pluies par places.*

entre elles, surtout aux alentours du campement, d'assez larges cuvettes plates à fond de gypse. La végétation de toute la région, qui est entièrement sèche du reste comme plus au Nord, est extrêmement broutée, presque jusqu'au sol, ce qui tient à la proximité de nombreux medjebed et d'un groupe important de villages.

22 Décembre. — La route de ce jour s'effectue sur de grandes plaines à sol de sable qu'ondulent de petites buttes couvertes de végétation; çà et là quelques rares cuvettes à fond de gypse (Plaines A et B). Des lignes de mamelons K.K. recouverts de sable coupent la plaine de temps en temps. De nombreux puits s'éparpillent un peu partout tant à droite qu'à gauche de mon itinéraire. En C.C. plaines presque planes — et qualifiées pour cette raison des noms d'Ouad Libirs et Ouad Chebikha — leur sol est du sable avec une forte végétation toujours sèche et la même qu'hier, avec addition par places de Sffar et d'Aarfedj.

La caractéristique actuelle de ce pays est que toute la végétation est sèche et broutée jusqu'à moitié de sa hauteur. Nous rencontrons pourtant de nombreux troupeaux de moutons et je me demande vraiment comment ils arrivent à trouver quelques bribes de nourriture. Il est évident qu'après une période pluvieuse cette contrée ne peut manquer d'être fort appréciée des nomades pasteurs, mais tel n'est pas le cas pour le moment.

Nous campons un peu avant la ligne de collines qui porte le nom d'Adeb Ed-Debbane. Dans la journée nous avons rencontré des Troud, propriétaires des troupeaux signalés plus haut, ils nous vendent des peaux de moutons pour faire des *Dalou* de puisage.

Au moment de commencer aujourd'hui mes observations astronomiques journalières, je trouve les fils du réticule de mon théodolite entièrement distendus et recouverts d'une humidité insolite. Il est à supposer que la cause en est au brusque changement de température auquel a été soumis l'instrument. En effet dans sa caisse il était à environ + 20° et au moment d'observer le thermomètre n'était plus qu'à + 7°; le théodolite étant en station et nivelé grossièrement depuis plus de deux heures; il s'est très probablement produit à l'intérieur du tube de la lunette une assez forte condensation, il va être nécessaire ou de retendre les fils ou de refaire le réticule.

23 Décembre. — Nous marchons d'abord, en A, sur un terrain de sable formé de très hautes buttes séparées par des cuvettes assez profondes mais de petite dimension. A ces grandes buttes succèdent, dans la région B, des ondulations du même genre mais beaucoup moins accentuées, qui elles-mêmes cessent bientôt pour faire place à une vaste plaine presque plane, ou du moins très peu ondulée, qui se nomme Ouad Taïbat.

Nous laissons dans notre Nord les puits dits Bir Ali-Ben-Amich, puis nous passons successivement près de Bir Mezebeche en C, et Bir Mouïa-El-Bihima à 500 mètres à droite de la ligne de marche.

Des quantités de moutons, appartenant aux Gherib, paissent dans cette plaine où l'on ne voit que très peu de chameaux. La végétation, très fournie mais toujours très sèche, de l'Ouad Taïbat se compose de Sffar, d'Aarfedj, de Harta, de Rtem mais de très peu de Drinn ; quelques touffes éparses de Baguel et de Chihh.

Nous avons fait aujourd'hui un léger crochet vers le Nord, cela tient à ce que mon guide spécial pour ce pays-ci, Abd-El-Kâder-Ben-Grine, n'étant pas venu dans la contrée depuis fort longtemps a eu quelques hésitations; je les lui pardonne facilement et j'avoue qu'à sa place je me trouverais singulièrement embarrassé car le pays a un aspect affreusement monotone et rien, aucun témoin, aucun amers, ne vient rompre l'uniformité et la rigidité de l'horizon. Il ne peut être question d'employer la boussole, les puits étant trop mal placés sur les cartes existantes.

Le campement est établi à Bir Mouï-Cheikh ; non loin de nous stationne une Nezla d'une dizaine de tentes appartenant aux Souamech.

24 Décembre. — Séjour. Nous avons fait boire hier soir tout le troupeau de nos chameaux, mais on les conduit à nouveau ce matin au puits. Depuis le départ de Biskra, ou à peu près, ils ne trouvent aucune nourriture possible, tout est sec et les animaux ne mangeant que des brindilles de bois ne peuvent supporter la soif pendant longtemps.

Il y a quelques jours sont passés ici deux officiers des Affaires indigènes, l'un venant de Tunis, l'autre d'Algérie; le premier est rentré à Nefta le second à Bir Berreçof, ils étaient chargés de l'étude de la délimitation entre l'Algérie et la Tunisie.

Le réticule de mon théodolite est remis en état, et l'instrument étant de nouveau réglé avec soin dans la journée, le soir je puis reprendre le cours de mes observations habituelles.

25 Décembre. — Nous nous dirigeons vers Bir Tourkya. La marche se continue toujours sur une vaste plaine plate à sol de sable semé de petites cuvettes à fond de gypse en très petits éléments cristallisés en agglomérations lenticulaires. La végétation est à peu près la même que les jours précédents. Le Drinn a disparu et on ne voit guère plus que du Zita, du Rtem et du Dhamrane, le tout extrêmement sec et inapte à nourrir convenablement les animaux.

Rien ne peut rendre l'uniformité des horizons dans ces plaines qui laissent une très grande impression de tristesse et de vide. Seules, des Guemira nombreuses se détachent en noir sur la ligne claire du ciel; elles servent à indiquer les puits et aussi la direction de la frontière provisoire.

La plaine est littéralement criblée de puits où l'eau est assez peu profonde, mais généralement salée et mauvaise. Les trois puits les plus rapprochés de notre itinéraire sont Bir Mouï-Djâcha, Bir El-Khetira, et Bir El-Argoub.

On rencontre d'assez nombreux chameaux au pâturage, ils appartiennent aux Gherib et aux Troud qui se partagent cette région en s'y mélangeant constamment. Ces deux tribus s'inquiètent beaucoup de la délimitation projetée entre Tunisie et Algérie, elles préféreraient qu'on ne fît pas de délimitation et qu'on les laissât dans le *statu quo* antérieur, situation qui leur permet actuellement d'aller les uns chez les autres au gré de leurs désirs et suivant les points où une pluie bienfaisante a fait pousser quelque végétation.

Les troupeaux de moutons ne se voient plus ici ou du moins ils ne sont plus qu'en très petit nombre, la végétation ne leur convenant pas, même quand elle est verte.

Le pays est visiblement très sûr. Tous les gens que l'on rencontre, Troud ou Gherib, sont sans armes, ce qui tendrait à prouver que l'on jouit d'une entière sécurité. La réputation des habitants est excellente, et telle, qu'il n'y aurait, paraît-il, point de voleurs. C'est bien étrange lorsqu'il s'agit d'Arabes! mais enfin il n'existe pas de règle sans exception et celle-ci serait tout à fait remarquable.

L'erg est encore assez loin de nous, plus loin dans tous les cas que ne le feraient supposer les cartes.

26 Décembre. — Nous continuons pendant quelque temps sur le même terrain que la veille, mais peu à peu il prend l'allure de Haïchat plus mouvementée et surtout plus bossuée de petites buttes de sable. En A, l'Alenda que l'on ne voyait plus réapparaît et avec abondance, en B un peu d'Azal. De C en C, Ouad El-Alenda, sorte de Haïchat très fourrée d'Alenda, de Drinn, de Harta et d'un peu d'Azal, le tout sur des buttes de sable qui rendent en ce point la marche très difficile. Sauf l'Alenda qui conserve sa couleur verte, tout est affreusement sec et je ne comprends pas comment les quelques chameaux et moutons, que nous rencontrons aujourd'hui, parviennent à trouver leur pâture; les Gherib, leurs propriétaires, exhalent leur tristesse à ce sujet.

A notre droite, à une dizaine de kilomètres, s'allongent successivement — orientées Nord-Ouest-Sud-Est — les collines ou « *kreb* » (on leur donne ce nom dans cette région) nommées Adeb Saïdine et Adeb Sadana, ces collines sont recouvertes de sable avec forte végétation.

Dans certaines cuvettes — très rares aujourd'hui — apparaît le gypse lenticulaire, et parfois aussi le gypse cristallisé en tubes rugueux à apparences de grès, ou bien du gypse en petits éléments brisés. Ces cuvettes sont beaucoup moins fréquentes que plus au Nord, et elles restent toujours de petite dimension.

La mission croise dans la journée une caravane de Troud venant du Souf et se rendant à Gabès.

Nous relevons près de la ligne de marche les trois puits de Bir Dhrimini, Bir Alenddaoui et Bir El-Mekhottà, les deux premiers à petite distance à droite, le dernier un peu plus loin à gauche.

Recueilli une petite plante des sols de sables gypseux assez commune ici, mais que son état de végétation peu avancée ne permet pas de déterminer, c'est une sorte de petit ail sauvage (*Liliacées*) que les indigènes nomment *Azoul,* mais qu'il faut se garder de confondre avec la plante qui porte le même nom, dans le Nord de l'Algérie, et qui s'applique à plusieurs variétés de *Silene.*

L'état de sécheresse de la végétation est cause que l'on ne trouve ici aucun gibier.

27 Décembre. — Les espaces que nous parcourons ont nettement abandonné l'allure de la plaine plate pour faire place à un terrain de Haïchat très fourrée, à sol de sable et bossué non seulement de petites buttes, mais aussi de mamelons de sable plus importants, kreb ou mamelons allongés en général et composés de multiples rides. Nous en escaladons plusieurs, entre autres en A, le Kreb El-Itima, non loin duquel on trouve, à l'Ouest, le Bir Bou-Kheçib; nous laissons à gauche et dominé aussi par un autre kreb le Bir Mouïa-Dhau. Ce dernier est situé sur la route même que suivent toutes les caravanes de Chambba qui vont de Ouargla à Gabès chercher du sucre pour le rapporter en Algérie où ils le liquident avec de très beaux bénéfices. Au moment où nous coupons ce medjebed nous y relevons la trace de retour d'une caravane passée hier revenant de Gabès. La marche est difficile pour le convoi dans ces innombrables rides de sable couvertes d'une épaisse végétation composée d'Azal, de Harta, d'Alenda, d'un peu de Drinn et de Semhari. C'est un peu moins morne que l'immensité plane des jours précédents, mais c'est encore pourtant d'un caractère extrêmement triste surtout à cause de l'absolue sécheresse de toutes les plantes.

Abd-El-Kâder-Ben-Grine ne connaît point l'orifice même du Bir Tourkya, il sait seulement la direction dans laquelle il se trouve et, aidé de l'admirable instinct des nomades du Sud, il ne dévie guère de sa route, mais il ne peut fixer la distance exacte qui nous sépare du puits. Des Troud rencontrés dans la matinée nous avaient affirmé que nous pouvions l'atteindre ce soir mais ils se trompaient et nous sommes forcés de camper seulement près du Draâ El-Guedim.

28 Décembre. — Nous cheminons sur un sol de sable non plus piqueté de simples buttes, mais composé de vraies petites dunes serrées, que coupent des draâs plus élevés et de même nature, avec une végétation bien fournie. C'est bien là la fin des plateaux ; c'est l'avant-garde de l'oudje de l'erg qui se présente devant nous, non pas encore compacte, mais constellée de plaines allongées à allures de feidjs ; dans ces parties planes et basses nous recueillons des roches de gypse lenticulaire, des débris plats et minces de petites stratifications : plaquettes de grès calcarifère (échantillon n° 220) et quelques silex taillés, très rares dans cette région.

Non loin du puits nous retrouvons la trace des sabots des chevaux de l'escorte des officiers dont j'ai parlé plus haut ; c'est cette trace qui nous conduit à la bouche même du Bir Tourkya qui est situé à la pointe Sud d'une sorte de feidj à sol de gypse et de sable, au pied Nord-Est d'une haute ride de dunes.

Ici nous ne trouvons guère que de l'Azal, du Harta, de l'Alenda, du Drinn et un peu de Semhari dans les parties basses et planes. Toute cette végétation est tellement sèche partout que les chameaux sont presque aussi altérés que pendant l'été. Si nous avions eu la chance de trouver des pâturages verts, le convoi aurait pu rester très facilement huit ou dix jours sans boire.

Bir Tourkya, étant un puits sans margelle, à bouche étroite et au ras du sol, nous le trouvons fortement remblayé de sable et il faut procéder à son curage immédiat, travail d'autant plus long que ce puits est profond. A deux reprises, et après curage, tout le fond du puits s'éboule ; on parvient enfin à avoir de l'eau, mais en très petite quantité. Après remplissage des outres et des tonneaux on procède à l'abreuvage en amenant les chameaux deux par deux ou trois par trois ; mais, malgré cette précaution, lorsque la nuit arrive il reste vingt-cinq ou trente animaux qui n'ont pas encore eu leur part de liquide. L'eau de ce puits est excellente.

Depuis midi souffle un vent violent de Nord-Nord-Ouest qui nous aveugle de sable et menace de démolir les tentes.

Nous voici sur la limite Nord du Grand Erg qui, dans la direction du plein Sud, à partir d'ici, devient, au bout de peu de kilomètres, très difficile et très inextricable, sans feidjs, sans gassis d'aucune sorte, et seulement constitué par des réseaux d'oghroud sans direction générale et présentant exactement l'aspect d'un filet à mailles fermées. Dans la direction du plein Nord la plaine s'abaisse lentement avec un sol constamment de sable jusqu'aux chotts tunisiens, ondulé et coupé de très petites dunes ou de buttes dans la partie Sud, et presque entièrement plan dans sa zone la plus septentrionale. La caractéristique de ce plateau, entre l'erg et les chotts, c'est la végétation très fournie que l'on y trouve partout, végétation sèche actuellement par suite de l'absence de pluies, mais qui dans les années pluvieuses doit être certainement un paradis pour les nomades pasteurs. Les puits y sont extrêmement nombreux et peu profonds et il est également rapproché des oasis algériennes du Souf et des oasis tunisiennes de la région des chotts. La sécurité y est à peu près complète et constante à cause de sa situation géographique et c'est, pour ces diverses raisons, une des contrées sahariennes les mieux partagées et les plus favorisées qu'il soit possible de trouver.

II

LE GRAND ERG

29 Décembre. — Nous marchons dans la direction de Bir Bou-Djoukha au milieu de dunes coupées de feidjs à sol de sable mêlé parfois de très petits débris de gypse et d'un poudingue calcaire (échantillon n° 221). Ce dernier se mélange au n° 220 d'hier. Les dunes forment des draâs en général peu épais et peu élevés que dominent quelques petits oghroud encore insignifiants. C'est bien là le caractère de la région de l'oudje Nord dans laquelle nous sommes entrés définitivement. En B et C grands feidjs que nous coupons et qui vont, non loin de nous, se confondre avec la plaine au Nord. Dans le B, à 5 kilomètres dans notre Est et sur la lisière Est du feidj, se trouve un puits, mort actuellement, et dont on ne peut me donner le nom.

Après le feidj C nous coupons une chaîne assez élevée au pied Sud de laquelle nous campons, elle se nomme Draâ El-Merekh.

La végétation est partout très abondante, mais toujours sèche; elle se compose d'Azal, de Drinn, d'Alenda, de Harta, de Semhari et d'un peu de Merekh par endroits.

30 Décembre. — Séjour. Je passe la journée ici et je détache quelques hommes avec mission de me trouver — parmi les pâtres de troupeaux de moutons dont nous avons relevé les traces fraîches hier — un Troudi qui puisse me servir de guide jusqu'à Bir El-Ghorrâfa point à partir duquel mes hommes connaissent très bien toute la contrée.

Quelques rares gouttes de pluie tombent de six heures à six heures 1/2 le matin.

Dans l'après-midi mes envoyés rentrent avec un Troudi qui ne demande pas mieux que de nous guider pour un prix raisonnable. Il a vu récemment des hommes de sa tribu arrivant de Ghdamès par la lisière Est de l'Erg, ces derniers ont rapporté des nouvelles de cette ville. Ils racontent qu'il a plu vers le 20 novembre avec une grande abondance à Ghdamès et dans toute la région au S. E. de cette oasis, que les hamada du voisinage sont de ce chef couvertes d'une végétation florissante et que toutes les fractions de Touareg viennent camper sur les terrains arrosés.

Comme je sais, par des renseignements antérieurs, que tout le pays des Azdjer aussi bien que celui des Ahaggar est désolé par une affreuse sécheresse depuis près de dix-huit mois, je ne suis pas étonné de ces nouvelles et je trouve très rationnel cet espèce d'exode des Touareg vers les parties du désert où il a plu.

Cet homme nous confirme aussi les renseignements que mes envoyés m'avaient rapportés précédemment et qui m'avisaient qu'une importante ghazzia avait été faite par les Imanghassaten aidés par des Arabes de la Tripolitaine contre les Ifoghas, que la situation était très troublée chez les Azdjer pour cette raison; et enfin qu'Ikhenoukhen, dont on m'avait signalé la mort, était maintenant entré en pleine convalescence; ce qui avait fait croire au décès de ce chef sympathique, c'est qu'il avait été atteint pendant l'été d'anthrax ou de phlegmons très graves et qu'il avait failli ne pas se relever.

31 Décembre. — Au départ nous marchons sur un petit feidj, qui s'étalait devant notre campement, puis nous franchissons une ligne de sable à la pointe Ouest de laquelle, tout près de nous, se trouve le Bir Khassaïmïa. La mission traverse ensuite une succession de petits feidjs et de lignes de dunes assez peu élevées, mais pourtant difficiles pour le convoi, bien que le guide, qui vit constamment dans le pays, nous évite de nombreuses fatigues et de grands détours par sa connaissance des points de passage ordinaire des troupeaux.

Dans le feidj B, à 2.500 mètres dans l'Ouest de notre ligne de marche, se trouve le Bir Oulad-Ahmid, au milieu de petites dunes au pied d'une chaîne qui ne s'étend que très peu plus loin à l'Ouest.

Dans la journée d'aujourd'hui le sol des feidjs est du sable, mélangé par places de petites plaquettes de grès calcarifère de même nature que l'échantillon n° 220. Autour du puits de Bou-Djoukha, où nous campons, c'est au contraire une sorte de plaine avec quelques petites rides de sable en formation, avec affleurements des mêmes grès et de nombreuses roches de gypse lenticulaire rosé, légèrement noyées de sable.

Bir Bou-Djoukha fournit une eau excellente. Ce puits avait déjà été vu par MM. Cazemajou, capitaine du génie, et Dumas, lieutenant de spahis, lors de leur voyage à Ghdamès en 1893. Ce point d'eau est extrêmement fréquenté par les nomades de la région ; nous voyons ainsi plusieurs groupes de Troud dans la soirée. Le Drinn seul est un peu vert, quant au reste de la végétation tout est sec, mais cependant il y a tendance à une légère amélioration.

1er Janvier 1896. — La route se développe dans l'erg qui est ici fort confus et très difficile. Les chaînes sont hachées, interrompues, sans direction générale déterminée ; elles sont embrouillées, enchevêtrées à tel point qu'elles ne semblent plus figurer qu'un filet, absolument irrégulier comme grandeur et comme forme de mailles, dont le réseau s'étendrait sur toute la contrée. Nous sommes loin de la configuration de l'erg de l'Ouest et pour bien faire saisir la différence de ces deux régions on peut dire que l'erg d'ici est l'image exacte de la Méditerranée soulevée par une tempête et qui resterait subitement figée, tandis que pour avoir l'image de l'erg de l'Ouest il faudrait supposer l'Océan en tempête et subitement solidifié.

La difficulté du terrain force à faire une infinité de détours et allonge singulièrement la route.

Les feidjs sont d'assez petite dimension et pourraient être plus judicieusement dénommés cuvettes (sahane) si l'habitude du pays n'était de leur donner le premier nom. Ils sont généralement fermés ; leur sol, souvent encombré de très petites dunes de sable très fin et mobile, d'agglomération récente, est parfois recouvert de petits éléments plats brisés d'une roche de calcaire grèseux (échantillon n° 222) et de quelques affleurements de gypse en place, mais le plus souvent leur sol sableux ne renferme que de petits graviers de la roche 222.

Dans le feidj K, à peu de distance de la ligne suivie et dans son Ouest, on voit le Bir El-Ahouamed.

Sur tout le parcours de ce jour les cols de passage se tiennent dans le voisinage de 30 mètres au-dessus des feidjs, et les pics les plus élevés n'excèdent pas 70 mètres et sont généralement de 50 mètres.

La végétation est la même que la veille, mais il faut y ajouter l'Arisch qui commence à se montrer sur les crêtes des oghroud ; le sol est très couvert de plantes : Alenda en grande quantité, Drinn sec ; parfois — dans le feidj B par exemple — un peu de Sffar et de Baguel, mais malheureusement tout est extrêmement sec. Il paraît que la végétation verte et florissante ne commence cette année qu'à 30 ou 40 kilomètres plus au Sud. On n'a pas ici la ressource du Had qui possède une endurance considérable à la sécheresse, mais qui ne pousse pas dans la région que nous visitons ; aussi nos chameaux mangent à peine et se trouvent fort mal d'un semblable régime. Pas de gibier ou du moins quelques rares traces de gazelles.

2 Janvier. — L'erg que nous parcourons aujourd'hui se maintient toujours extrêmement confus et fort difficile, non seulement pour un convoi, mais même pour des méhara. Les chaînes se croisent, s'entrecroisent, se joignent par des cols à peine praticables quoique peu élevés ; en effet ils n'excèdent pas 50 mètrès et les pics majeurs atteignent tout au plus 70 mètres. Cette disposition du terrain nous fait faire de singuliers crochets, si bien qu'il nous faut revenir en plein Ouest pour atteindre le Bir El-Guettâtïa où nous campons.

La cuvette du puits est d'assez grande dimension, elle laisse percer quelques affleurements de gypse et de petits mamelons couverts de débris assez petits de poudingue calcaire (échantillon n° 223). Le puits est creusé dans la roche de gypse et fournit une eau de qualité excellente.

Nous trouvons ici d'assez nombreux Troud qui font de l'eau et qui abreuvent leurs chameaux. Leurs troupeaux sont au pâturage à environ 70 kilomètres dans l'Est du puits, c'est-à-dire sur les surfaces à végétation verte, car ici tout est sec comme par le passé. La végétation est uniquement composée — pour la route d'aujourd'hui — d'Arisch, de Drinn et d'Alenda auxquels il faut adjoindre pour la flore des cuvettes un peu de Semhari et de Sffar. Mes chameaux continuent donc à être soumis à une abstinence qui n'a rien de profitable pour leur santé.

Si l'on se dirige de Bir El-Guettâtïa vers le S. E. ou vers l'E., l'erg est extrêmement difficile, beaucoup plus encore que la région parcourue aujourd'hui et cela au moins pendant 60 ou 80 kilomètres; la route vers Ghdamès est dans les mêmes conditions pendant deux grandes journées de marche.

Les Troud rencontrés nous donnent des nouvelles : ils ont vu ici même il y a peu de jours des cavaliers du Maghzen de Bordj Berreçof porteurs de lettres qui me sont destinées et qu'ils ont ordre de me faire parvenir le plus rapidement possible. Ils sont rentrés à Berreçof supposant que je passerais à ce puits ou dans son voisinage et doivent envoyer quelques-uns de leurs camarades à Bir El-Ghorrâfa où ils comptent me rencontrer. Comme j'ai l'intention de passer à ce dernier puits je trouve inutile d'envoyer un de mes méhara à Berreçof où il sera toujours temps d'expédier un courrier si je ne trouve rien au puits prochain.

Des Chambba Oulad-Amran du Souf ont bu ici avant-hier revenant de Ghdamès, ils ont donné, sur la situation des Imanghassaten et des Ifoghas dans le pays Touareg, les mêmes renseignements que nous avions recueillis plus dans l'Est, ajoutant que Moulay et Ikhenoukhen appelés à Ghdamès n'avaient pas encore réussi à calmer les esprits et à ramener la concorde chez les Azdjer.

Je paye ici et réexpédie à son troupeau le vieux Troudi qui nous guidait ces derniers jours, car il ne connait pas la région que nous allons maintenant entamer.

3 Janvier. — Nous partons aujourd'hui sous la direction d'un jeune Troudi engagé jusqu'à Bir El-Ghorrâfa, car j'aime mieux, en raison des difficultés du terrain, avoir sous la main un homme du pays. Ces Troud connaissent à fond l'erg jusqu'à Ghdamès et on est sûr de toujours trouver des hommes de leur tribu dans cette ville. Ils chassent dans les environs et dès qu'ils ont quelque gibier ils vont le vendre aux Ghdamsia qui payent plus que les habitants des oasis d'El Oued où le gibier abonde à cause du grand nombre de chasseurs de la localité.

Notre route est un peu moins dure aujourd'hui dans l'erg, en ce sens que les draâs sont plus espacés, moins embruoillés et les feidjs par conséquent plus longs et plus importants. Ces feidjs sont généralement à sol de sable, mais les plus grands d'entre eux — par exemple le A et celui du Bir El-Ghorrâfa — montrent des affleurements, en petits éléments brisés, de la roche n° 223 ainsi que des affleurements de gypse.

En B nous coupons la route de Berreçof à Ghdamès, non loin du teniet Borji qui se trouve en K. Les cols atteignent aujourd'hui 50 à 60 mètres et la grande majorité des pics 70 mètres. Quelques-uns, mais ils sont rares, en comptent 80.

Nous établissons le camp à Bir El-Ghorrâfa. La cuvette où se trouve le puits est de très grande dimension et entourée d'oghroud à surface très onduleuse du plus bel effet. Tout près des deux puits actuels, on trouve la trace d'un très ancien puits effondré et ne présentant plus que l'aspect d'un petit entonnoir à bords qui s'éboulent entourés de grandes dalles d'un calcaire travertin très vacuolaire (échantillon n° 224). Dans la cuvette qui nous entoure s'élèvent de très petits mamelons couronnés de grandes dalles de roche calcaire (échantillon n° 225) en place. Il y a en outre des affleurements de gypse (échantillon n° 226). Tous ces mamelons ont tendance à se recouvrir, par place, de sable extrêmement fin en dunes minuscules et dans lesquelles on enfonce profondément.

4 et 5 Janvier. — Séjour. Nous avons trouvé ici le Targui Othman, des Ifoghas, le frère d'Abd-En-Nebi, accompagné de quelques-uns des siens et de Souafa. Il vient d'El-Oued et rentre à Ghdamès; depuis deux jours il laisse ses chameaux se repaître dans les environs avant de commencer son voyage au milieu des grandes dunes. Il y a dans le groupe un enfant Targui qui, en nous voyant arriver presque seuls en avant Villatte et moi, montés à méhari, n'ayant point naturellement de burnous, et fournissant à peu près l'apparence d'un cavalier Targui, nous a pris pour des hommes de sa race et est accouru au-devant de nous. Son illusion s'est dissipée lorsqu'il s'est trouvé très rapproché de nos montures, il a alors tourné bride et s'est mis à fuir à toute vitesse pour rejoindre ses camarades cachés derrière des touffes à quelque distance. Tous ces hommes, suivant l'invariable coutume saharienne, ayant aperçu d'abord des flanqueurs de mon convoi qui éclairaient la route devant nous à droite et à gauche, se sont immédiatement masqués derrière des arbrisseaux, abandonnant leurs outres remplies au puits; nous avions du reste vu leur fuite et deviné ensuite leur race à l'aspect de leurs outres, de leurs Dalou et aussi à la forme spéciale de la trace de leurs pas sur le sable.

Peu de temps après, s'étant revêtus de leurs plus beaux costumes, tous ces gens se sont approchés et sont venus nous saluer. Othman, qui ne me connaissait point de figure, après les salutations d'usage, me demande des nouvelles de Foureau; jamais je n'ai vu un homme aussi ahuri que lui, au moment où je lui ai répondu : « Il va fort bien et je suis le nommé Foureau ». Il s'est alors retourné d'un air de reproche vers mes hommes qui s'étaient abstenus de le renseigner s'attendant très bien à la scène réjouissante qui allait suivre.

Othman me donne, sur la situation du pays des Azdjer, des nouvelles qui concordent absolument avec celles recueillies dans l'Est; il vient de croiser il y a deux jours un Targui venant du Sud et se rendant à El-Oued pour demander aux autorités de ce lieu l'autorisation, pour un certain nombre d'Ifoghas, de venir établir leurs tentes sur notre territoire. Les Ifoghas, à la suite du ghezi des Imanghassaten qui leur a pris un grand nombre de chameaux et tué des hommes, ne se sentent plus en sécurité dans leur pays, désolé du reste par la sécheresse; ils désirent mettre entre eux et leurs ennemis toute l'étendue de l'erg, et vivre en paix dans notre Sahara dont ils connaissent les conditions de tranquillité et de sûreté. De plus ils savent qu'ils seront bien reçus par les autorités et comblés de cadeaux et de prévenances, leur entrée dans le Sahara algérien et leur établissement sur le territoire d'un cercle algérien pouvant être considérés, à la rigueur, comme la suite et la conséquence du *Mïad* conduit par Abd-En-Nebi à El-Oued, Constantine et Alger en novembre 1892. Cet exode est fait, par ces Ifoghas, très probablement sans esprit de retour, car ils savent fort bien que leur situation au milieu des Touareg ne serait plus tenable s'ils s'avisaient de rentrer dans leur pays d'origine après un contact plus ou moins long avec les *infidèles* voisins, à moins qu'il n'y ait là une sorte de reconnaissance diplomatique, ou une tactique spéciale sur lesquelles nous éclairera l'avenir. J'ai dit au reste, dans un précédent rapport, ce que je pensais des *Mïad* de ce genre, quant à leurs causes et quant à leurs résultats et mon opinion à ce sujet n'a point varié. Quoi qu'il en soit, la venue de ces Ifoghas sur notre territoire, il faut bien le reconnaître, *ne fera pas faire un pas* à la question de pénétration saharienne; tout au plus pourra-t-on employer quelques-uns des hommes qui composent ce groupe comme guides d'une mission ou d'une expédition, mais dans ce cas il sera indispensable de les couvrir et de les protéger, car ils se trouveraient en très mauvaise situation au milieu de leurs anciens compatriotes. Il ne faudra pas compter sur eux comme intermédiaires : d'abord parce qu'aux yeux des autres Touareg ils ont déserté leur pays, et ensuite parce qu'ils sont précisément des Ifoghas. Au résumé, ce sont eux qui font une excellente affaire : ils passent d'un pays troublé et aride dans une région à pâturages où règne une paix absolue et de plus ils devront à leur origine étrangère d'être entourés d'une sorte d'auréole qui leur amènera des faveurs de toute nature et l'admiration que nous avons l'habitude d'exprimer pour tout ce qui est nouveau ou peu connu.

Ikhenoukhen est à peu près guéri de sa maladie; il est pour le moment campé à trois jours au S. E. du point dit Nahia dans l'erg de cette région. Nahia est situé sur la route de Ghdamès à Mourzouk. Il paraîtrait qu'un Chérif venu de l'Est travaille les esprits chez les Touareg et les excite contre les infidèles, mais il ne faut pas attribuer à ce fait une très grande importance, attendu que tous les ans des chérifs arabes — venant de l'Ouest aussi bien que de l'Est — se livrent à des pratiques du même genre, pratiques qui ont uniquement pour but de réveiller le fanatisme religieux *fort endormi* des Touareg, et surtout de battre en brèche les efforts de pénétration tentés par nous dans ces dernières années.

On a pris en France depuis quelque temps la fâcheuse habitude de faire du Senoussisme et de ses affiliés une sorte d'épouvantail, et s'il fallait croire tout ce que l'on télégraphie ou tout ce que l'on écrit à ce sujet, on arriverait à conclure que le Sahara entier est entre les mains des Senoussis et qu'eux seuls y dirigent les événements. Il n'en est rien fort heureusement et il est bon de juger avec calme et sans parti pris antérieur la situation saharienne actuelle : lorsque nous avons affaire à des Touareg seuls, *n'obéissant pas à un mobile extérieur*, nous rencontrons deux sources principales d'hostilité de leur part, d'abord *leur désir très net de conserver leur autonomie* et de ne pas se laisser pénétrer dans aucun cas; et en second lieu leur crainte de nous voir accaparer leurs routes commerciales. En dehors de ces deux raisons d'hostilités, il ne faut faire entrer en ligne de compte le Senoussisme et les agissements musulmans *purement religieux* que comme des facteurs peu importants.

On doit juger les gens d'après ce que l'on a ressenti chez eux et non d'après ce que nous pourrions désirer nous-mêmes. Si nous avons depuis longtemps échafaudé toute une théorie sur les causes de la résistance des Touareg à la pénétration et que cette théorie soit maintenant reconnue inexacte, nous ne devons pas contribuer à la perpétuer, car ce serait là nous créer des difficultés inextricables et montrer au public la situation sous un jour absolument faux.

Tous mes chameaux ont bu dans la matinée du 4 et sont partis dans les pâturages des dunes voisines. Peu après leur départ arrivent trois méhara du Maghzen venant de Berreçof. On a appris hier au Bordj que j'étais à Guettâtïa et d'autres cavaliers s'y sont rendus pensant que j'y séjournerais. Quatre autres Maghzenis mettent pied à terre au camp dans l'après-midi, ces derniers me suivent à la trace depuis Bou-Djoukha. Ils m'apportent une lettre du capitaine de Prandières, chef du bureau arabe de l'annexe d'El-Oued, lettre qui en renferme d'autres à mon adresse provenant de M. le Gouverneur Général de l'Algérie et du général de La Roque.

La lettre du Gouverneur m'invitait à ne pas poursuivre pour le moment mon voyage chez les Touareg vu l'état d'insécurité complète de leur pays. Celle du général de La Roque était conçue dans les mêmes termes et manifestait une très grande inquiétude à mon sujet si j'entreprenais maintenant un voyage vers le Tassili. Celles du capitaine de Prandières et du commandant Pujat, commandant supérieur de Touggourt, me communiquaient divers renseignements intéressants : Que les Ahaggar étaient au courant de mes projets de voyage et qu'ils s'opposeraient de concert avec deux tribus des Azdjer, et par tous les moyens possibles, à mon passage et massacreraient ma mission. Le général de La Roque m'informait en outre dans sa lettre particulière de la présence à Timassânine — où il séjournait pour m'attendre — d'un ghezi assez important commandé par le dénommé Ben-Radja. J'avais été précédemment avisé de ce dernier fait par mes informations particulières et je savais en outre que Radja avait avec lui ses parents les Oulad-Zeggaye, Zoua d'In-Salah; je connais personnellement les uns et les autres. Ils ont fait partie de nos Maghzen du Sud et ils campaient habituellement et depuis fort longtemps avec les Chambba d'Ouargla. Les Oulad-Zeggaye sont partis en dissidence d'Aïn Taïba et peu de jours après m'avoir vu moi-même à ce point d'eau en mai 1895. Rien dans les conversations que j'avais eues avec eux à ce moment-là ne pouvait faire supposer la résolution qu'ils allaient prendre. Ils ont évidemment été alléchés par les résultats brillants du ghezi que j'avais rencontré à El-Bïodh l'an dernier et espéraient obtenir des succès du même genre.

Mes renseignements particuliers me signalaient en outre la présence de Ben-Khatkhat avec une soixantaine d'hommes et des tentes aux environs de Tabalbalet; celui-là aussi attendait le passage de la mission Foureau que les Touareg ont pris l'habitude de voir venir dans leur Sahara pendant l'hiver.

Ces lettres ne me laissaient pas d'autre parti à prendre que de me ranger à l'avis du Gouverneur Général et de me borner par conséquent à étudier la région de l'erg en essayant d'atteindre, dans sa partie Sud, un point intéressant où se trouvent d'anciens puits que l'on m'a signalés au printemps dernier.

J'accuse réception des diverses lettres au capitaine de Prandières et les cavaliers du Maghzen repartent dans la matinée du 5.

J'écris d'autre part à M. le Gouverneur Général et au général de La Roque pour leur dire que je suis leurs instructions, que je me borne à une exploration géographique de la région de l'erg, et que dans aucun cas je ne dépasserai sa limite méridionale, me tenant ainsi constamment dans notre propre Sahara algérien; ces lettres ont été expédiées quelques jours plus tard par un homme qui rentrait vers El-Oued.

Je congédie Abd-El-Kâder-Ben-Grine qui m'avait servi de guide dans la partie Est de mon voyage et dont je n'ai plus besoin.

Othman le Targui, et ses compagnons, sont partis pour Ghdamès dans la matinée du 4. Ils ont avec eux quelques Souafa qui emportent pour les vendre deux ou trois charges de dattes.

6 Janvier. — Nous allons nous diriger maintenant, plus ou moins directement, vers Hassi Bottine. L'erg est ici moins serré qu'à Bir Guettâtïa, les feidjs tendent à prendre une certaine extension et les draâs une direction plus accusée et moins sinueuse. On sent que l'on approche d'un erg assez semblable à celui qui avoisine le Gassi Touil dans l'Est; les chaînes n'ont pas encore la constance de direction de celles plus au Sud-Ouest, mais les environs de Ghorrâfa constituent une région de transition tenant le milieu entre le grand erg à allures larges et l'erg enchevêtré du Bir El-Guettâtia.

La marche est assez facile et plus on avance plus on se rend compte que l'on rentre à nouveau dans la zone de l'oudje.

Les feidjs sont assez étendus et, généralement, à sol de reg de poudingue de grès sur sable; çà et là apparaissent quelques affleurements de gypse, mais ils sont peu nombreux.

La végétation est la même qu'à l'Est de Ghorrâfa, mais toutefois les feidjs nourrissent en plus un peu de Baguel et de Dhamrane. Campé au pied du Ghourd Oulad-Ahmed.

7 Janvier. — Nuit très froide, comme les trois dernières qui ont précédé. L'erg que nous parcourons est relativement très facile, nous sommes bien là dans l'oudje Nord. Les draâs qui tendent à s'orienter Nord-Ouest-Sud-Est ne sont point compacts et sont composés d'oghroud largement espacés entre eux, à peu près comme les grains d'un chapelet. Ces draâs sont séparés les uns des autres par des feidjs assez larges, à sol de nebka en général sur les bords, mais dont le milieu est plutôt constitué par des surfaces de reg sur sable, reg composé de débris de poudingue ou de débris de grès comme ceux rencontrés plus à l'Est.

En A, gypse lenticulaire affleurant; en B, reg de poudingue et de grès mélangés. En R nous passons à l'extrémité Nord du Ghourd Menakhèr, nous sommes ici au Sud-Est et à petite distance des puits de Mouï Aïssa qui se creusent non loin du Ghourd Louz que nous avons en vue à droite.

Après plusieurs petites chaînes séparées par des feidjs de dimensions modestes, nous descendons dans une grande cuvette P, c'est l'Ouad El-Merekh, à sol recouvert de toutes petites buttes de sable et où la végétation est très fournie; un peu plus loin par le travers de Q et à notre droite se trouve un puits ancien, mort actuellement du reste, le Bir Ali-Ben-Amran.

Aujourd'hui les cols sont faciles et les chaînes peu élevées, les plus hauts oghroud ont une cinquantaine de mètres et de très rares pics en comptent peut-être 70.

Nous campons au pied du ghourd dit Ghourd Ed-Dar ou Ghourd Dar-Er-Ghoule ; j'avais pris hier soir pour nous conduire à ce point précis un nègre des Oulad-Amran qui attendait l'arrivée des troupeaux de son maître pour les abreuver à Mouï Aïssa où il rentrera demain en emportant mes lettres pour le Gouverneur et le général de La Roque. Ce nègre est précisément celui qui a été pris chez les Azdjer par les Oulad-Amran d'El-Oued en même temps que les chameaux que les Touareg m'ont tant réclamés les années précédentes et que le Gouverneur Général a bien voulu leur faire payer en février 1895.

Au pied Nord du Ghourd Ed-Dar, à la limite même des derniers siouf, subsiste une sorte de construction de forme circulaire, très légèrement elliptique avec 4 mètres de diamètre suivant le plus grand axe. Les murs — construits avec une sorte de mortier de plâtre unissant entre eux des moellons de grosseur moyenne d'une roche de grès calcarifère avec cavernes (échantillon n° 227) — sont d'une épaisseur de 50 centimètres. Ils sont écroulés au Sud-Ouest ; mais au Nord ils s'élèvent encore à 80 centimètres ou 1 mètre au-dessus du sol. Les bergers ont peu à peu détruit ces ruines qui assurément remontent très loin.

Cette sorte de tour n'avait qu'une porte, située à l'Est, et d'une largeur de 70 centimètres seulement. L'intérieur se remblaye de sable et des broussailles y poussent. Les éboulis forment un tronc de cône au bas des murs. Autour de ces restes de constructions on recueille de très nombreux fragments d'os calcinés sur des monceaux de cendres. On trouve aussi de multiples fragments de poteries de différents genres mais paraissant provenir d'ouvriers arabes ou berbères d'une époque relativement pas très éloignée. Les silex taillés manquent absolument, et les débris d'œufs d'autruches ne sont pas nombreux ; ce sont surtout les ossements qui abondent. Il est certain que nous n'avons pas affaire là à une tombe.

Les roches ayant servi à la construction proviennent des sniga du voisinage, au fond desquelles elles affleurent en différents points de même qu'en deux emplacements du reg parcouru aujourd'hui (échantillon n° 227).

Les indigènes prétendent que jadis aux temps préhistoriques, (époque qui pour eux se traduit par les mots *Doulet Hameyane* « gouvernement des Hameyane ») il existait là une ville entière, aujourd'hui complètement ensevelie dans les sables du ghourd, et que les restes que nous avons sous les yeux ne sont que le sommet d'un minaret englouti. Cette hypothèse est inacceptable tant à cause de la faible profondeur à laquelle se trouve le sol réel ancien où affleurent les roches, qu'à cause de la forme spéciale de ces vestiges. La suite de la légende indigène est du reste tout aussi absurde : elle prétend qu'un homme seul, qui monte pendant la nuit sur les flancs du Ghourd Ed-Dar, entend très distinctement les aboiements des chiens de la ville disparue sous la masse de sable. Un puits dit Bir Ghourd-Ed-Dar ou Bir Dar-Er-Ghoule se trouve à 1,500 mètres à l'Ouest de la petite construction ; il est actuellement sans eau, mais il y a peu de temps encore les nomades y abreuvaient leurs troupeaux et il suffirait d'un simple curage pour le faire revivre. Il est probable qu'ils n'ont creusé ce puits que parce qu'ils ont rencontré là les traces d'un puits ancien ; c'est du reste ainsi qu'agissent très fréquemment les Arabes sahariens.

La végétation pendant cette journée a été encore plus misérable et surtout plus clairsemée que les jours précédents et toujours affreusement sèche. Pourtant des traces de gazelles se voyaient un peu partout ; un de mes chasseurs Mohamed-Ben-Cheikh est même resté en arrière et ne reparaît pas de la nuit, il court après une gazelle qu'il a blessée ; il n'a ni savates ni burnous et les nuits sont glaciales.

8 Janvier. — L'erg s'est tout à fait élargi, nous marchons bien au milieu de l'oudje Nord et à sa limite terminale. Les chaînes ne sont plus qu'une suite d'oghroud égrenés ou pour mieux dire ce sont plutôt des oghroud épars semés sur une plaine à sol de sable. Parfois un certain nombre d'entre eux semblent se mettre en ligne et forment alors des draâs interrompus, généralement orientés Nord-Ouest-Sud-Est. Les feidjs sont larges et presque toujours à sol de nebka sauf en quelques endroits où apparaît du poudingue calcaire ou du grès en petits éléments en B, C et D.

Parfois aussi quelques rares affleurements de gypse blanc très friable et non compact à structure d'éponge. Quelques silex taillés sont recueillis aujourd'hui dans les cuvettes B et C; ils se trouvaient sur un sol de gypse.

L'Arisch qui était jusque-là resté très abondant, ce matin même encore, tend à disparaître complètement, nous approchons de sa limite Sud-Ouest dans la région, limite très capricieuse et très sinueuse et commandée par la hauteur des oghroud et par la nature du sable des dunes. En revanche le Hanna apparaît. La végétation est entièrement sèche, l'Alenda lui-même si vigoureux d'ordinaire, est languissant et rachitique. Les touffes sont très espacées et par conséquent peu nombreuses.

Nous avons coupé aujourd'hui les traces de Kouider-Ben-Younès revenant de Ghât avec cinq ou six chameaux et en ramenant un certain nombre de nègres.

Peu après nous rencontrons trois des assas de Bir Ghardaya en tournée de surveillance. Ils sont en ce moment-ci à ce puits soixante-dix méhara de garde. Ces hommes nous disent qu'un convoi de quelques chameaux accompagné par quatre ou cinq Maghzen, parti récemment d'El-Oued, est arrivé à Bir Ghorrâfa le soir même du jour où nous avons quitté ce puits. Ce convoi emporte de la nourriture et de l'eau et va dans l'erg au devant des Touareg Ifoghas qui viennent vers El-Oued, comme je l'ai dit plus haut. Parmi ces Ifoghas il faut noter la famille de Ould-Aggouz et de Hamma que j'avais rencontrés l'an dernier à Menkhour et dans l'Ouad Lézy. Les assas ajoutent qu'un officier doit venir d'El-Oued à la rencontre des Touareg pour les recevoir sur notre territoire.

Les troupeaux de cette région qui sont actuellement au pâturage sont tous dans le Sud-Est, à trois, quatre et cinq jours de marche d'ici; de la sorte les assas de Berreçof et de Ghardaya ne peuvent faire un service de garde utile qu'en se maintenant constamment éloignés de leur poste central, et encore, pour garder réellement ils sont dans la nécessité de s'éparpiller si bien que s'il survenait un ghezi important, il se présenterait deux alternatives : ou bien il tomberait sur cinq ou six assas et les ligotterait ou les massacrerait et enlèverait les troupeaux, ou bien les assas seraient tous réunis à Berreçof ou à Ghardaya, et alors le ghezi enlèverait encore, et très facilement, des troupeaux pâturant à quatre ou cinq jours de marche de ces postes. Il faut donc conclure en définitive que les troupeaux paissant au loin ne sont réellement en sûreté que lorsque tous les nomades sont campés dans le Sahara près de leurs animaux, ce qui ne se produit qu'en fin de janvier ou en février, alors que les impôts et les prestations sont payés. En hiver au contraire, les nomades restent cantonnés dans ou près des oasis et les troupeaux paissent seulement sous la garde de quelques nègres.

9 Janvier. — Ce matin avant le jour arrivent au camp dix des assas montés de Bir Ghardaya (ce sont tous des Troud). Ils avaient été avertis de mon passage par leurs trois camarades rencontrés hier et rentrés directement à leurs tentes. Les dix arrivants ont aussitôt sellé leurs méhara et ont marché toute la nuit pour m'atteindre, tant pour montrer qu'ils font bien leur service que pour me demander si j'avais besoin de quelque chose, pourquoi je ne passais pas à leur campement, etc. Je les remercie et je leur dis que je connais depuis longtemps Bir Ghardaya et que je préfère, dans ma marche actuelle, relever de nouvelles régions et des passages inédits et non vus.

Il est de fait — et c'est avec le plus grand plaisir que je le constate et que je l'enregistre — que ces schouaf Troud remplissent fort bien les consignes qui leur sont données par l'autorité. Les Chambba sont éminemment audacieux, endurants, et braves ; à ces divers points de vue nulle tribu du sud algérien ne les égale ni même ne les approche, mais ils ont les défauts de leurs qualités. Les Troud au contraire sont loin d'être braves, mais ils sont plus exacts, plus soumis aux ordres reçus, plus souples et beaucoup moins indépendants de caractère que les Chambba. Les uns et les autres sont des chasseurs et des guides de premier ordre. Si nous pouvions réunir un certain nombre d'hommes joignant aux qualités des Troud celles des Chambba, nous aurions, pour la garde de notre frontière sud, une troupe admirable et qui, comptant seulement 200 fusils, pourrait tenir tête avec avantage à n'importe quelle force venant de l'extérieur, nous pourrions même l'employer à pénétrer dans les pays hostiles, et cela en toute sécurité.

Nous marchons toujours dans la région de l'oudjc, et sur sa limite Nord. Les dunes sont très espacées, on pourrait même dire presque isolées, et ne forment que des chaînes confuses et interrompues conservant cependant toujours une direction générale voisine du N.-O.-S.-E. arrivant parfois à faire presque de l'Est-Ouest.

Le terrain qui sépare les dunes est du sable à peu près partout, tantôt ondulé et à forme de feidj, tantôt presque plat, mais bossué de très nombreuses petites dunes. Une ou deux cuvettes seulement montrent un sol de reg de poudingue de calcaire grèseux sur une très petite étendue.

L'Arisch a complètement disparu en même temps que la compacité de l'erg. Le Had montre quelques rares touffes, indiquant que nous entrons enfin — et heureusement pour nos chameaux — dans son aire de dispersion.

Nous campons de bonne heure à Hassi Bou-Jorara. Dès midi s'est élevé un violent vent de S.-O. qui est glacé et soulève du sable et qui correspond naturellement avec une baisse barométrique indiquant l'approche de la pluie qui tombe du reste à onze heures du soir. L'état du ciel ne permet de faire aucune observation astronomique.

10 Janvier. — Séjour. Hassi Bou-Jorara est situé dans une vaste cuvette plate à allure d'ouad et à sol de reg composé d'éléments de petite dimension de roches de calcaire avec sable siliceux; grès calcarifère et calcaires travertins compacts avec sable siliceux (échantillon n° 229). Un peu de gypse lenticulaire (échantillon n° 231) apparaît, par places restreintes, en affleurements près des puits. Le puits est creusé d'abord dans du gypse puis ensuite dans des marnes rougeâtres et jaunâtres (échantillon n° 230 provenant du puits nouveau à 15 mètres au-dessous du sol).

A l'Ouest du puits et tout près se trouve un mamelon allongé P recouvert de fragments de poudingues semblables à ceux de la hamada de Draâ-El-Atchane; poudingue de calcaire avec sable siliceux (échantillon n° 232).

Autour de nous poussent du Baguel et du Dhamrane, et de l'Azal dans les oghroud du voisinage. Nous sommes tout à fait à l'extrémité de l'oudje; dans l'Ouest ce n'est plus qu'un plateau piqueté de dunes isolées et irrégulièrement éparpillées. L'erg reste dans l'Est, le Sud et le S.-E.

Hier soir nous n'avions pu abreuver qu'une vingtaine de chameaux, c'est du reste pour cette raison que je séjourne aujourd'hui. Le puits est remblayé de trois mètres par les éboulements et par le sable et il a fallu procéder à son nettoyage sommaire; ce n'est que lentement que l'on achève de faire boire tout le convoi et de remplir tous les barils.

Dans la matinée nous avons reçu quelques gouttes de pluie avec un ciel qui se maintient menaçant et un vent venant du S.-O. dans les régions supérieures. Le soir, ciel couvert qui ne permet aucune observation; une averse à onze heures 1/2 du soir.

J'ai l'intention d'éviter Hassi Bottine, dont l'eau est mauvaise, et d'aller directement à Hassi El-Aziba qui, outre la bonne qualité de son eau, a aussi l'avantage de me faire gagner une forte journée de marche vers le Sud; de là je me dirigerai vers les puits anciens de la partie Sud de l'erg dont j'ai parlé plus haut; mais pour cela il me faut trouver un des Chambba qui connaissent ce point. Deux d'entre eux sont à Ouargla ou dans les environs, le troisième est assas à Bel-Haïrane. J'enverrai donc après demain des cavaliers me chercher ce guide qui se nomme Amar-Ben-Brahim et je le ferai remplacer dans son service au Bordj par un de mes hommes dont le frère est aussi assas à Bel-Haïrane (Fort Lallemant) et qui par conséquent ne peut être que *persona grata* pour le Cheikh des assas Thâleb-Abd-El-Kâder.

11 Janvier. — Au départ le temps est très couvert, mais il n'est plus menaçant, nous marchons aujourd'hui constamment sur un sol de sable. La pleine est coupée au plutôt mouchetée de nombreux oghroud de petite taille et disséminés sans ordre. Ce n'est plus l'oudje proprement dit, mais la région qui le précède immédiatement, au Nord. Plus de cuvettes avec affleurements de poudingue, mais seulement un sol de nebka.

Nous laissons à droite le ghourd d'Hassi Touaïza qui reste en vue presque toute la journée. En A nous coupons mon itinéraire de retour de Hassi Imoulay (8 février 1893). En B Feidjet-En-Nâja orienté sensiblement N.-O.-S.-E. En C, à une douzaine de kilomètres à notre gauche, existe un puits très ancien foré, d'après la chronique indigène, par les Hameyane; les Chambba de la famille de Lechoual ont essayé de le creuser à nouveau, mais ils ont abandonné ce travail avant d'avoir atteint la nappe aquifère.

Nous traversons les troupeaux de chameaux du Chambbi de Ouargla, Cheikh-Abd-El-Kâder-Ben-El-Hadj-Mohamed, qui a quitté la ville pour venir camper dans les pâturages sahariens comme le font tous les nomades du Sud à pareille époque.

Le Drinn, l'Alenda, l'Azal sont toujours abondants. Le Had a fait son apparition et augmente à mesure que nous marchons vers le S.-O. Beaucoup de ses vieilles touffes sont sèches, mais pourtant je constate qu'il s'en présente maintenant quelques jeunes qui sont d'une belle teinte verte. Dans les grands feidjs — qui simulent ici des ouad — on trouve du Baguel et un peu de Dhamrane.

Nous campons dans des siouf insignifiants et à petite distance de Hassi Lakhdar, puits mort depuis nombre d'années.

12 Janvier. — Deux de mes hommes partent en même temps que nous, se dirigeant vers Bel-Haïrane, pour aller chercher Amar; ils doivent nous rejoindre à El-Aziba, et emportent une lettre pour Thâleb Abd-El-Kâder, lui demandant de me prêter Amar pour une vingtaine de jours.

La route se développe sur un sol de nebka traversé de rides de sable et moucheté d'oghroud disséminés, peu importants, surtout du côté du N.-O. où ils sont très peu nombreux. Du côté de l'Est ils sont plus pressés et assez multipliés et dépendent de la région de l'oudje.

La plaine forme des feidjs entre les lignes de sable. Ces feidjs nourrissent du Baguel et du Dhamrane, mais point d'Azal qui reste confiné sur les flancs des oghroud un peu élevés. Le Had pousse sur les siouf, mais on en trouve très peu dans les feidjs.

Aujourd'hui nous constatons deux ou trois affleurements, très insignifiants et en petits éléments, des roches rencontrées près de Hassi Bou-Jorara. De même deux affleurements de gypse en roche s'effritant, en dalles minces et blanches plus ou moins disloquées et à structure d'éponge. Dans une cuvette des chaînes d'aujourd'hui je recueille des débris de fulgurites (échantillon n° 233) et une hache en pierre taillée assez bien conservée. Nous campons près du Ghourd Mabrouka au pied d'une petite chaîne de dunes; le sol porte des débris de roches de poudingue calcaire et de grès avec galets calcaires et sable (échantillon n° 234).

Un des hommes de mon escorte qui est revenu de Ghdamès il y a moins de deux mois me raconte ce qui suit, récit qui lui a été fait par des Imanghassaten qu'il connaît : en décembre 1894, lorsque je revenais de chez les Azdjer, il y avait encore aux environs de Ghdamès une quarantaine de Ahaggar ayant fait partie du ghezi des 74 méhara dont j'ai parlé dans mon dernier rapport de mission et que nous avions failli rencontrer à Timassânine. Ces Ahaggar, informés par des Amghad revenant de l'Ouad Izekrate où j'avais séjourné, de mes projets sur la route que j'avais l'intention de suivre pour rentrer, sont venus à Tabankort, mais nous étions déjà passés; ils nous ont donné la chasse pendant quatre jours dans l'erg, puis finalement ont perdu notre trace effacée par les vents violents qui s'étaient élevés à cette époque. Ils ont alors renoncé à une poursuite remplie d'aléa et sont rentrés. Ben-Khatkhat était venu se joindre à eux avec le vif désir de rattraper *l'infidèle* qui lui avait échappé déjà deux ou trois fois.

13 Janvier. — La région que nous parcourons aujourd'hui semble être un éperon avancé de l'erg. Les petites chaînes y sont multiples et difficiles et les oghroud assez nombreux. Le sol est partout du sable fin, sauf dans la dernière partie de la route où les feidjs prennent de temps en temps l'aspect de gassis avec un sol de reg très fin laissant voir quelques affleurements de gypse en lamelles blanches boursouflées, et d'autres emplacements couverts de débris usés des poudingues déjà décrits et de diverses roches qui se mêlent à des fragments de quartz; calcaire dur avec du sable siliceux, graviers cimentés par des calcaires (échantillon n° 235).

Les chaînes de dunes sont beaucoup plus épaisses que par le passé et fort difficiles à traverser quoique de très faible élévation (c'est du reste là une des caractéristiques de l'oudje lorsque l'on est forcé de couper ses chaînes au lieu de suivre à peu près leur direction générale). Les oghroud majeurs atteignent 60 à 70 mètres au plus, ils émettent de toutes parts de longues et basses rides sinueuses qui sillonnent la plaine en tous sens.

L'Azal végète mais il est maigre et pauvre; le Had et le Drinn vivent dans les chaînes; le Baguel, l'Adjerem et le Dhamrane dans les feidjs. Les plantes, sur le parcours d'aujourd'hui, sont plus sèches que celles rencontrées la veille, la raison en est que cette région n'a pas reçu de pluie d'été ou d'automne. Ce n'est guère que 30 kilomètres plus au Sud que nous entrerons dans l'aire de belle végétation.

En vue aujourd'hui à notre droite les Oghroud Ben-Merizig et Bou-Ghorrâfa.

Nous recueillons sur la route une hache de pierre taillée, quelques silex taillés et d'insignifiants débris de poterie ancienne. Nous campons à Ghourd Bou-Hokka. Le temps couvert rend toute observation impossible.

14 Janvier. — Séjour forcé à cause de la pluie. Toute la journée ce ne sont qu'averses plus ou moins fortes qui ne me laissent la possibilité de faire aucune observation astronomique. Je puis toutefois exécuter quelques clichés de nuages de pluie dans le Sahara qui offriront, au point de vue météorologique, un certain intérêt.

15 Janvier. — Lorsque nous partons tout est trempé : tentes, chameaux, bagages, etc... nous traversons le Feidj El-Messdar en A, l'une des routes de Ouargla à Ghdamès. Son sol est du reg fin avec beaucoup de grains de quartz et quelques affleurements de roches de grès calcarifère (échantillon n° 236) en petits éléments usés. En D. Feidj El-Baguel. Les feidjs sont larges et séparés par des chaînes peu élevées, assez semblables aux Slassel-Dhanoune. La pluie a rendu le sable ferme et ces chaînes, qui eussent été difficiles pour le convoi par un temps sec, sont facilement franchies. Quelques-unes sont peu étendues en épaisseur et forment de simples îlots allongés entre les feidjs, d'autres au contraire, qui constituent la bordure majeure des feidjs, sont plus importantes et piquetées de quelques oghroud plus élevés. En général l'orientation des draâs est à peu près N.-O. — S.-E., mais il en en est d'irréguliers. On sent cependant que les feidjs plus ou moins sinueux vont faire place aux gassis à direction rigoureuse et constante.

La pluie, une pluie fine et glacée, vient encore nous arrêter dans l'après-midi et nous force à camper de bonne heure au pied d'un pic élevé et au fond d'un golfe accentué du Feidj R.

16 Janvier. — Nous marchons dans des siouf séparés par de larges ondulations pour traverser une sorte d'éperon de dunes qui se termine non loin de nous dans l'Est et qui s'avance dans le Feidj R. en formant ainsi un golfe profond en A' tandis que le cours principal reste en A. Ce Feidj, dont le sol est du reg, ne se poursuit pas très loin ; il est barré par de petits siouf à 6 ou 7 kilomètres dans notre N.-O. et il se ferme tout à fait, dans l'erg, à une quinzaine de kilomètres au S.-E.

Nous traversons ensuite une chaîne P qui n'est pas compacte mais qui comporte quelques oghroud importants et des lignes de grand siouf élevés, très longs, séparés pas des feidjs à sol de nebka de plus ou moins grande dimension. Cette chaîne se dirige vers Bel-Haïrane.

Nous descendons de cette chaîne par son versant Sud et nous avançons sur le Gassi El-Aziba, qui n'est autre que le gassi que j'avais parcouru dans la matinée du 3 janvier 1895. Arrivés à 1800 mètres de sa bordure Nord nous campons au puits même d'El-Aziba.

Ce puits a été creusé seulement l'an dernier par les Chambba — dont tous les pâturages plus au Nord étaient entièrement secs — en vue d'utiliser pour la nourriture de leurs chameaux la belle végétation verte de cette région de l'erg. Ils ont donc estivé ici et on peut estimer à 70 au minimum le nombre des Zeraïb qu'ils y avaient élevées.

Nous trouvons le puits très fortement remblayé, car depuis deux mois au moins les nomades l'ont quitté pour regagner les oasis; je veux cependant tenter de le faire revivre car ce puits me fait bénéficier de deux jours d'avance pour mes recherches dans l'erg, et que d'autre part c'est ici que j'ai donné rendez-vous aux deux cavaliers qui doivent me ramener mon guide de Bel-Haïrane.

Une équipe se met au travail de curage, il nous faut avant tout savoir si le puits est seulement remblayé par des apports extérieurs, ou bien — ce qui serait beaucoup plus grave — éboulé des parois y compris la partie qui primitivement avait été maintenue par un grossier coffrage de perches d'Azal. J'ai dans mon escorte des hommes qui ont pris part au forage primitif et qui me renseigneront sûrement à cet égard dès que l'on aura travaillé quelque peu.

Dans la petite dépression du gassi, au milieu de laquelle se trouve le puits, on remarque des affleurements de calcaire avec sable siliceux (échantillon n° 237) mêlés à des affleurements de gypse. D'ailleurs le reg entier du gassi repose sur du gypse en roche grise d'une épaisseur qui varie entre 60 centimètres et un mètre, en couche horizontale, comme il est facile de le constater dans le puits. Au-dessous, c'est du sable à gros grains sur une très grande profondeur (17 mètres au moins). Le sable qui supporte immédiatement la petite couche des graviers du reg et la sépare du gypse est fortement mélangé de détritus de ce même gypse et prend une couleur blanchâtre et une allure poussiéreuse.

La végétation depuis hier est fort belle. Le Had est vert et abondant, il pousse vigoureusement de même que l'Azal et le Sbott, cela dans les chaînes et sur la bordure des feidjs ou gassis. Dans le gassi le Dhamrane et le Baguel sont verts. A partir du campement de ce matin le Sbott a pris entièrement la place du Drinn dont il n'est qu'une sorte de variété plus drue, plus fine et moins dure ; les échantillons que j'en ai rapportés n'ayant plus de graines n'ont pas permis de fixer définitivement la plante. La limite Nord du Sbott dans la région est à peu près par 31° de latitude Nord ou peut-être un peu au Sud de ce parallèle. Cette limite concorde du reste parfaitement avec celle trouvée pour la même plante sur mon itinéraire à l'Ouest du Gassi Touil.

Le temps s'est complètement remis au beau avec vent de Nord très frais.

17 Janvier. — Dès le matin on continue le curage du puits qui n'avance que très lentement, les parois s'éboulant sans cesse. A onze heures j'arrête le travail car il nous est prouvé que le puits n'est pas seulement remblayé mais littéralement éboulé et que les coffrages posés en certaines parties se sont démolis et sont tombés au fond du puits. Il faudrait donc procéder à un forage nouveau complet, au coffrage, etc., sur près de 15 mètres, absolument comme s'il s'agissait de faire un puits neuf. Je ne veux pas entreprendre un pareil travail qui me coûterait trop cher et me retiendrait trop longtemps. Il est donc décidé que nous allons repartir vers le Nord et boire à Hassi Bottine où nous ferons l'eau nécessaire au voyage dans l'erg. Ce puits est le plus rapproché de nous, et dans ses environs on trouve des pâturages pour les chameaux, le seul inconvénient qu'il présente consiste dans la mauvaise qualité de son eau. Hassi Bel-Haïrane fournit de l'eau excellente mais il est plus éloigné de nous et la nourriture pour les animaux manque dans ses alentours. A ce moment arrivent au camp mes deux cavaliers envoyés à Bel-Haïrane à la recherche du guide Amar. Ils sont accompagnés de Messaoud-Ben-El-Hadj-Rabah l'un des assas du Bordj, ce dernier est porteur d'une lettre de son chef Thâleb-Abd-El-Kâder qui me demande des cartouches, des médicaments et quelques provisions. Il m'annonce que le guide Amar nous rejoindra demain dans la soirée. Avant de partir nous laissons donc sur le sable près du puits une indication arabe qui montre quelle direction nous prenons afin que ce dernier puisse facilement nous retrouver. La route que nous faisons est à peu près parallèle à celle d'hier et presque constamment dans son Est, nous campons à la même latitude que le 15 et à faible distance du campement de ce jour, sur le bord du feidj F.

J'écris à Thâleb-Abd-El-Kâder et au commandant Pujat pour aviser ce dernier que je prends pour quelques jours Amar en le faisant remplacer dans son service par un de mes hommes; Messaoud en rentrant au Bordj demain matin emportera mes lettres et les diverses choses demandées par Thâleb-Abd-El-Kâder. Parmi les nouvelles que me donne Messaoud il faut noter celle qui suit : des chasseurs Chambba en revenant de l'erg tout récemment ont constaté, dans sa région centrale, le passage de six méhara montés; ces animaux venaient de l'E.-S.-E. ou du S.-E; cinq des traces continuaient vers Aïn Taïba; quant à la sixième, le cavalier avait fait demi-tour et était revenu sur sa double retournant vers le S.-E. et laissant ainsi les cinq autres aller boire seuls à l'Aïn.

Ces traces ne peuvent provenir (c'est l'opinion des Chambba comme c'est la mienne) que d'éclaireurs chargés de couper l'erg dans sa largeur afin de voir s'ils relèveraient mes traces allant vers le Sud. Il ne faut pas oublier que c'est à pareille époque que je vais chaque année depuis quelque temps chez les Touareg. Après avoir atteint la limite Ouest du Gassi Touil, l'un d'eux est revenu sur ses pas pour prévenir la bande à laquelle il appartient que nous n'étions point encore passés par les routes de l'Est; quant aux cinq autres, ils ont dû aller faire la même constatation à Aïn Taïba, qui est l'un des points que je pouvais toucher, puis s'en sont retournés par le medjebed d'El-Bïodh rejoindre le gros de la troupe.

Ces éclaireurs peuvent appartenir, soit à la bande de Mohamed-Ben-Radja qui circule autour de Timassânine et sur l'oudje Sud pour attendre mon passage probable, soit au ghezi de Ahaggar commandé par Ben-Khatkhat et par Ali-Ben-Doubba, dont les tentes sont aux environs de Tabalbalet et qui aussi m'attendent dans l'espoir que, comme les autres années, je tenterai de traverser l'erg et le Tassili. Ces deux bandes sont les seules qui aient à leur disposition des schouaf connaissant assez bien le pays pour se permettre de traverser ainsi l'erg dans sa plus grande épaisseur.

18 Janvier. — Nous faisons une route, très voisine de celle du 15 janvier, qui nous amène de bonne heure à Hassi Bottine. Recueilli en route des débris de meules de grès et des silex taillés; les uns provenant de l'itinéraire de ce jour, les autres d'un atelier voisin situé tout près des puits morts de Bou-Gharb, le tout classé sous le n° 238. Aussitôt campés nous nous occupons à faire boire les chameaux. Le puits a peu d'eau et il faut le nettoyer à plusieurs reprises pendant l'opération de l'abreuvage, qui ne se termine complètement du reste que le lendemain matin, bien qu'une de mes escouades ait fait boire jusqu'à dix heures du soir.

Quelques troupeaux de Chambba prennent actuellement leur eau ici, entre autres ceux de Lakhdar-Ben-Mohamed, père d'un de mes hommes, ils ont dû abreuver hier car les traces de leurs chameaux sont encore absolument fraîches. Ils restent au pâturage à une quarantaine de kilomètres dans l'E.-S.-E.

19 et 20 Janvier. — Séjour. Puisque je ne puis cette année tenter de pénétrer chez les Touareg, je congédie ici treize de mes hommes; ils vont rentrer soit à Ouargla soit à leurs tentes qui pour la plupart sont peu éloignées de Hassi Bottine. Je ferme le compte de chacun de ceux qui partent et je leur en remets le double, ils emporteront aussi mes lettres.

Comme je n'ai pas besoin de toutes mes provisions et de tous mes bagages pour mes recherches dans l'erg, je laisserai, sous la garde de six de mes hommes et à quelque distance de Hassi Bottine, une partie de mes animaux et de mes caisses ou sacs que je retrouverai au retour; j'emmènerai neuf hommes plus le guide, tous nos méhara de selle et une quinzaine de chameaux porteurs. Pendant que nous marcherons, le troupeau laissé ici pâturera et boira par les soins des six hommes restant. Dans la soirée du 19, le guide Amar arrive au camp, il s'était d'abord rendu à Hassi El-Aziba et ne nous trouvant point il allait rentrer à Bel-Haïrane, lorsqu'en visitant la bouche même du puits il a relevé l'indication que nous avions laissée sur le sable, comprenant aussitôt qu'elle lui était destinée il a suivi nos traces jusqu'ici. Il avait du reste vu nos travaux et constaté que nous n'avions pas terminé le creusage du puits et que par conséquent nous ne pouvions guère boire autre part qu'à Hassi Bottine. Amar est précisément le Maghzeni qui, l'an dernier au mois de mai, conduisait le Targui des Ifoghas, Si-Ahmed et son compagnon, qui cherchaient à me rejoindre (1). Amar s'étant séparé d'eux à Mouileh-El-Guefoul, est revenu à El-Bïodh où il a bu. Il avait constaté en ce point le passage du ghezi et le mien, il avait vu le corps de Ben-Necib que le vent avait découvert du sable amoncelé sur lui par El-Hadj et ses frères le 5 mai. Son passage en ce point devait avoir lieu trois ou quatre jours au plus après notre rencontre avez le ghezi. Il a retrouvé à El-Bïodh un jeune chameau laissé ou oublié par le ghezi et, à cause de sa sauvagerie extrême, il a dû renoncer à s'en rendre maître.

Dans la journée du 20 nous remplissons les barils et les outres et nous faisons boire abondamment tous nos chameaux et tous nos méhara, et nous arrimons avec soin celles des charges qui doivent être emportées dans le voyage de l'erg, laissant à part

(1) Voir mon volume : *Mission chez les Touareg, octobre* 1894 *à mai* 1895, page 152, en note.

celles qui restent avec le convoi; le tout afin d'être prêt le lendemain et n'avoir plus qu'à charger pour partir.

Hassi Bottine, que j'ai décrit en 1890, est creusé au pied d'un petit ghourd K, de 35 mètres d'élévation, entre deux longs siouf très rapprochés l'un de l'autre et laissant entre eux une cuvette allongée à sol de gypse blanc en roche sans consistance et sans dureté. Son eau est peu abondante, amère et salée.

21 Janvier. — Le matin départ général. Les treize hommes congédiés se dirigent vers Ouargla. Mohamed-Ben-El-Hadj-Rabah se rend à Bel-Haïrane où il doit se mettre à la disposition de Thâleb-Abd-El-Kâder et remplacer à mon compte dans son service le Maghzeni Amar qui me sert de guide.

A 5 kilomètres au Sud de Hassi Bottine nous laissons les bagages et les chameaux de surplus sous la garde de six hommes et nous continuons vers l'erg avec l'organisation indiquée plus haut, Villatte et moi avec dix Chambba. Nous emportons 550 litres d'eau en 10 barils et nous avons en plus un certain nombre d'outres pleines. Nous faisons route au S. 1/4. S.-E. parallèlement à nos itinéraires précédents et dans leur Est, traversant les mêmes chaînes et les mêmes feidjs. Nous coupons de bonne heure mon itinéraire du 15 janvier. Les feidjs sont à sol de reg fin où dominent de beaucoup les graviers de quartz, çà et là quelques affleurements disloqués de divers grès avec enduit brillant (échantillon n° 239). Les débris de ces roches se mêlent, en beaucoup de points, en petits éléments, au quartz roulé du reg. On y trouve aussi quelques fragments de schistes bruns ou noirs certainement apportés jadis par les eaux.

Quelques silex taillés sont recueillis, de même que des meules anciennes et des polissoirs (échantillon n° 239). En S, par notre travers à droite, en descendant de la chaîne Q, se trouve mon campement du 17 janvier; et en R, presque sur le même azimut et un peu plus loin mon campement du 15 janvier.

Nous établissons le camp pour la nuit (station A) à 7 ou 8 kilomètres dans l'E.-N.-E. d'Hassi El-Aziba. Un peu avant la nuit arrivent à nos tentes deux Chambba qui partent dans l'erg pour chasser, ce sont Brahim-Ben-Bou-Saïd et un de ses neveux. Ils ont bu à Bel-Haïrane et m'apportent une lettre de Thâleb-Abd-El-Kâder, simple lettre de politesse arabe du reste; il avait pensé que ces hommes marchant de notre côté nous rencontreraient à un moment ou à l'autre. Ces deux hommes dînent au camp.

22 Janvier. — Départ très matinal. Le visiteur d'hier Brahim-Ben-Bou-Saïd va dans l'Est où se trouvent actuellement beaucoup de gazelles; dès qu'il a un certain nombre de pièces tuées il retourne les vendre aux Saïd-Oulad-Amar Maghzenis au Bordj de Bel-Haïrane.

Nous traversons bientôt en biais le Gassi El-Aziba qui se ferme dans l'Est non loin de nous. Le puits d'El-Aziba nous reste dans l'Ouest à une douzaine de kilomètres.

La végétation est partout fort belle et très abondante; Had, Azal, Sbott, Sffar, etc.

Le nom d'El-Aziba donné, non seulement au puits, au gassi, à la chaîne qui borde ledit gassi au Sud, mais aussi à toute la région, vient de ce que cette contrée nourrit une très grande quantité de touffes d'Azal, et elles sont actuellement vertes. Cette abondance de l'Azal ne tardera pas à disparaître, et avec elle disparaîtra de même le nom d'El-Aziba.

Les draâs ne sont pas compacts sauf au pied des oghroud qui les dominent çà et là. Ils sont souvent coupés de feidjs plus ou moins grands mais généralement fermés, séparés par de longues et hautes rides sinueuses par exemple et surtout en A. A. A.

Les gassis sont de reg fin parsemé des débris des poudingues indiqués plus haut et aussi avec quelques débris de grès plats ou cylindriques (échantillon n° 240). On y recueille quelques silex taillés rares et épars, quelques fragments de poteries et passablement de débris de meules anciennes (échantillon n° 240). La marche est relativement facile dans cette partie de l'erg et, vu sa belle végétation, les chameaux y trouvent une excellente et abondante pâture. A partir du Gassi El-Aziba les gazelles pullulent.

Nous campons sur le bord d'une chaîne (Station B). L'état du ciel empêche toute observation.

23 Janvier. — Le temps est menaçant au moment où nous partons.

Les draâs sont toujours séparés par des feidjs ou des gassis, mais ces derniers tendent à diminuer de nombre. L'erg prend plus de compacité. A partir de la seconde moitié de la route nous sommes dans la région dite des « Lejamate » (*les brides*) ainsi nommée parce que c'est celle où se ferment les gassis et les feidjs, ou du moins où ils se coupent, se barrent, s'obstruent de nombreuses rides de sable.

En A, large gassi de nebka avec quelques affleurements, en débris, de calcaire compact avec sable siliceux (échantillon n° 241) ; ces roches sont généralement en débris recouvrant le sol mais parfois elles émergent très légèrement et sont alors disloquées. Çà et là quelques taches de reg de quartz fin roulé.

En B, feidj de reg fin d'assez petite dimension ; toute la région K qui suit est une partie d'erg coupée de nombreux feidjs petits et irréguliers. En C, gassi de reg très fin de quartz avec quelques taches de reg plus gros composé de débris de poudingue de calcaire sableux (échantillon n° 242) avec des galets de quartz. Ce gassi est recouvert d'une forte végétation de Had mais — de même que dans les gassis E. E. — elle est beaucoup moins belle que dans les chaînes et presque sèche. En effet cette partie de l'erg n'a pas bénéficié des pluies d'été tombées plus au Nord ; elle a seulement été trempée par la dernière que nous avons reçue, il y a peu de jours, à Ghourd Bou-Hokka. Cette chute d'eau a pénétré ici assez profondément et les fouilles nous montrent une épaisseur de 50 centimètres de sable mouillé.

En D, magnifique plaine très fourrée, tant les végétaux qui la tapissent sont rapprochés les uns des autres, c'est une sorte d'élargissement du gassi C auquel les gassis E. E. semblent se joindre un peu plus loin dans la direction de l'Est.

En P, atelier préhistorique où je recueille des débris de poteries et de silex taillés (sous le n° 242), au milieu de très nombreuses pierres noires que l'on rencontre du reste dans presque tous les ateliers. Peu ou pas de silex bien travaillés, des débris seulement.

Campé dans la masse des sables (Station C).

24 Janvier. — L'erg se fait tout à fait compact, nous allons bientôt aborder la région dite des « Oudian El-Halma ». Les oghroud majeurs arrivent à 120 mètres actuellement et les cols de passage se tiennent entre 40 et 50 mètres au-dessus des feidjs.

En A, région de longs siouf, assez élevés et difficiles, séparés par des cuvettes à pentes assez fortes tapissées de touffes de Had. Parfois au fond de ces cuvettes, de même que dans les grands feidjs, apparaissent des affleurements, en place, de grès très calcarifère (échantillon n° 243), mêlés au reg de quartz et aux autres poudingues signalés plus au Nord, mais le n° 243 est ici le plus fréquent. En B, affleurement du n° 243. Un peu avant ce point nous recueillons de nombreux débris de fulgurites. En C, sorte de feidj allongé, étroit, avec quelques affleurements du n° 243 saillants sur un sol mi-partie reg, mi-partie nebka. C'est ici que se produit la première apparition du Neçi depuis Hassi Bottine. Il y a aussi beaucoup de Sffar, aussi je donne à cette cuvette le nom de Feidjet Es-Sffar. Çà et là quelques touffes de Ehébile, quant au Sbott et au Had ils abondent partout; l'Azal se fait beaucoup plus rare et n'apparaît plus que dans les replis des grands oghroud. Nous trouvons là aussi quelques pieds de Halma mais ils sont très peu nombreux, ce ne sont que des sentinelles avancées et la limite Nord réelle de cette plante sur notre route ne se trouve qu'en D, à partir de ce point elle abonde dans toutes les cuvettes au détriment du Had qui alors diminue; malheureusement ce Halma est entièrement sec, car toute la région, contrairement à ce qui a eu lieu plus au Nord, n'a reçu aucune pluie d'été.

La limite Nord de la partie vraiment difficile de l'erg coïncide à peu près, ici du moins, avec cette limite N. du Halma.

En E, sorte de cuvettes allongées à sol nu de gypse blanc. En F, sommet d'un col de 60 mètres d'élévation d'où l'on domine une immense vue de l'erg.

Les gazelles abondent partout aujourd'hui mais les chasseurs ne relèvent que peu de traces fraîches d'antilopes.

Amar s'inquiète de savoir à quelle distance approximative nous sommes de l'oudje Sud afin de se rendre compte de sa marche et de sa direction, il manifeste du reste quelques hésitations.

Nous campons dans une chaîne (Station D).

25 Janvier. — La région de dunes que nous parcourons aujourd'hui est très fortement ondulée et piquetée de nombreux oghroud jetés sans ordre et sans orientation régulière si ce n'est pour des fragments de chaînes sans continuité; c'est la région des Oudian El-Halma dans toute son ampleur; parfois des cuvettes à fond plat se présentent, elles montrent alors, au point le plus bas, des affleurements peu importants de reg ou de roches du n° 243 et, particulièrement pour la cuvette C, des affleurements de roches de grès calcarifères (échantillon n° 244), qui semblent comporter trois variétés distinctes superposées ainsi qu'il suit :

N° 244 A. la couche du dessous.

N° 244 B. superposé à A.

N° 244 C. superposé à B.

Dans ces cuvettes je recueille quelques débris de poteries et des silex taillés.

La plupart des cuvettes de ce jour ne sont pas à fond plat comme C, ce sont surtout de fortes ondulations ayant 30 à 50 mètres de creux, tantôt en forme d'entonnoir, tantôt en forme de profond sillon allongé à sol de nebka. Les unes et les autres sont littéralement jonchées de Halma, et c'est cette particularité qui a fait donner à cette région — aussi difficile mais plus largement ondulée que l'ouar — le nom d'Oudian El-Halma (*Les rivières du Halma.*)

Les cols que nous franchissons comptent 70 à 80 mètres et la masse des oghroud environ 120 mètres; quelques pics atteignent peut-être 150 mètres. Du haut des cols la vue qui se déroule est véritablement merveilleuse, on y domine une imposante multitude d'oghroud couverts de lumière ou noyés d'ombre suivant la position du soleil ou la présence de nuages; le spectacle est au-dessus de toute description, et les épreuves photographiques panoramiques que j'ai exécutées de divers de ces points ne peuvent donner qu'une très faible idée de la grandeur et de la majesté de ce fantastique chaos.

Il est inutile je suppose de faire remarquer que ce genre de terrain — où nul Européen ni Arabe n'a jamais songé à amener un convoi de bêtes de charge — nous force à faire des escalades des plus pénibles et des détours innombrables, ce qui augmente très sensiblement la longueur de la route. Dans l'après-midi alerte causée par deux gazelles qui, debout sur un sif et relevées par le mirage, donnaient l'illusion absolue de deux cavaliers à méhari; vérification faite ce n'étaient que deux gazelles ; ces dernières du reste continuent à pulluler dans la région.

En D, sommet de col situé à 70 mètres et, en F, autre sommet à

80 mètres. La contrée semble être réellement une véritable région montagneuse où les chaînes seraient représentées par les dunes et les rivières par les cuvettes successives.

La végétation se compose uniquement de Halma entièrement sec; de Had, vert sur les hauteurs, et à demi sec en bas; un peu de Sbott et très peu d'Azal. L'Arisch n'a pas encore apparu.

Villatte est très souffrant depuis hier soir et me semble être atteint d'une violente courbature compliquée de fièvre. Il a fourni hier une marche à pied extrêmement longue et pénible qui doit être la cause première de son état.

Campé au pied d'une haute chaîne (Station E.).

26 Janvier. — Villatte est toujours souffrant mais il est impossible de s'arrêter. Nous entrons dans la zone dite de « l'Ouar » ; partout des masses d'oghroud disséminés sans ordre, très pressés et constamment réunis les uns aux autres par de longs siouf parfois très élevés et enserrant entre leurs rides d'immenses cuvettes allongées, très profondes et extrêmement difficiles à franchir. Nous sommes dans la région du Sffar et l'Arisch n'apparaîtra qu'à notre campement de ce soir.

La marche, pour les méhara, mais surtout pour le convoi, est un véritable tour de force et amène une perte de temps considérable en exigeant des lacets et des détours à peu près constants. Les différentes masses ou groupes d'oghroud sont séparés par des vallées profondes et très multiples A. A. A... je suis forcé de n'indiquer dans mon itinéraire que celles que nous suivons ou que nous traversons, car il est impossible — étant donné qu'il y en a partout — de dessiner les voisines même par à peu près. Beaucoup de ces cuvettes laissent affleurer, dans leurs parties les plus basses, des fragments ou même de petits mamelons de roches de diverses natures. En C, affleurements identiques à ceux d'hier. En D, limite Nord du Sffar ou à peu près; cette plante, de même que l'Arisch, *dans la partie Sud de l'erg,* reste confinée dans la région de l'ouar. En F, affleurements de calcaires avec sables quartzeux (échantillons n° 245); une couche de roche de gypse friable blanc est superposée au n° 245 et on voit la brèche autour et au-dessus. En G, affleurement de plaquettes de calcaire avec sable quartzeux (échantillon n° 246). En ce même point on trouve des fragments de poteries et des silex taillés.

En B, E et H sommets de cols du haut desquels il est exécuté un tour d'horizon photographique. Comme auparavant, chaque fois que l'on se trouve sur un sommet, le panorama est toujours merveilleux et on ne peut se lasser d'admirer. En I, cuvette profonde à sol de calcaire par endroits (n° 246) ; quelques affleurements du n° 245 et enfin, tout au fond, des masses de travertins vacuolaires (échantillon n° 247) affleurant tant en débris qu'en très petits mamelons. Autour de cette cuvette gisent de nombreux fragments de poteries ornées et des silex taillés. Il est évident que ce point a été habité et on y constate l'existence d'anciennes sources taries.

Nous campons sur le bord de la cuvette I (Station F).

Nous avons eu aujourd'hui du Sbott, du Had, de l'Azal, du Halma sec, du Sffar, et ce soir un peu d'Arisch, c'est là toute la végétation. Mon guide est toujours assez incertain du point où se trouvent les puits qu'il a vus seulement en chassant et *en venant du Sud.* Il s'attriste réellement car il ne se retrouve pas au milieu de cette masse de pics uniformes et serrés ; cependant l'arrivée de l'Arisch le déride un peu car le point cherché est dans la région de l'Arisch ; c'est un énorme entonnoir entouré de sept oghroud très élevés et tous semblables, couronnés d'Arisch de grande taille.

Nous sommes au sixième jour de route et les chameaux chargés ne peuvent guère supporter beaucoup plus de douze jours sans boire, or il nous faut au moins cinq jours pour rentrer au puits de Bottine, en marchant très vite ; je ne pourrai donc continuer longtemps mes recherches ; je décide en conséquence que demain on ne fera qu'une courte étape et que la journée sera employée par les trois quarts de mes hommes, surtout Amar, à prospecter dans nos environs pour essayer de découvrir le gisement des puits. Ces puits ne peuvent pas — comme je l'avais d'abord supposé — être confondus avec les ruines de Menzeha-Oua-Es-Sohoud, dont les restes, d'après la chronique, sont très importants ; nous avons au surplus déjà dépassé la latitude de ce dernier point, du moins la latitude généralement indiquée par les renseignements de divers voyageurs, de Duveyrier et les miens. Le point que nous cherchons ne comporte pas de ruines, mais seulement des tombes, des débris de poteries ornées, des puits et un mamelon *de sel gemme* très impur et mélangé d'argile rouge et de sable.

27 Janvier. — La partie de l'erg où nous nous trouvons forme l'extrémité N.-O. de la région de l'ouar. La marche continue à y être extrêmement difficile, surtout quand il s'agit d'escalader les chaînes et les nombreuses grandes rides qui relient entre eux les oghroud ; c'est comme une sorte de promenade au milieu d'un *véritable caillebotis* de sable. Les pics sont très élevés et atteignent, pour la plupart, 200 mètres. Certains des cols que nous devons franchir dominent de 100 mètres les cuvettes inférieures; ces dernières sont maintenant toutes à sol de roche, signe certain que nous nous rapprochons de l'oudje Sud. Il y a, du reste, d'autres indices qui me signalent nettement la proximité de la hamada : le sable qui se mélange de parcelles argileuses rougeâtres; la masse des dunes dont la coloration passe du vieil or au rouge; des taches de poussières brunes sur le flanc des entonnoirs de dunes; des pierres calcaires taillées et des grès taillés qui prennent la place des silex taillés, etc...

Mais revenons aux cuvettes traversées aujourd'hui; toutes, je le répète, sont à fond de roche. Ces roches sont tantôt entières, tantôt en débris usés, *mais en place* et formaient, très visiblement, le sommet de mamelons mineurs encore apparents en certains endroits. De la sorte les vallées actuelles, parfois percées et parfois bordées de mamelons rocheux, sont enserrées de grands oghroud qui peu à peu ont envahi la région recouvrant de leur poussière d'or tout un système montagneux qui laisse apercevoir çà et là, aux flancs des dunes, quelques témoins, visibles encore, de son ossature primitive.

Les oghroud sont placés en désordre et sans aucune direction fixe ou constante. D'un côté leurs flancs sont énormes et présentent de longues pentes légèrement ondulées assez rapides, de l'autre des pentes droites et tout à fait abruptes. D'énormes siouf se détachent presque du sommet même des pics et serpentent au loin ; d'autres, prenant leur origine seulement au tiers de la hauteur des oghroud, barrent complètement les vallées d'une belle digue courbe à arête infiniment régulière et vive, à pente presque à pic d'un côté.

Dans la cuvette ou vallée A sommets de mamelons formant le plafond de la cuvette ; calcaires rugueux usés par le frottement des sables (échantillon n° 248). Dans la cuvette B débris de la roche n° 248 se mélangeant à des affleurements de calcaires avec sable (échantillon n° 249).

Cette couche 249 est la plus élevée, elle présente une faille ou brèche d'arrêt. Un peu plus loin on trouve une couche de travertins avec moulages de végétaux (échantillon n° 250) qui eux aussi s'arrêtent formant brèche. Ces travertins se superposent à d'autres de même nature mais très mélangés de terreau végétal (échantillon n° 251); ces derniers sont remplis de cavernes et extrêmement friables, le dessus de cette couche, aux points où elle reste à nu, est usé par le frottement des sables et présente l'aspect d'une surface dallée onduleuse ou plutôt uniformément gondolée et légèrement rugueuse. Cette roche, en banc horizontal, mince, repose sur une matière terreuse entièrement noire qui a l'aspect du sable et s'éboule au moindre contact. Cette matière terreuse, qui a une épaisseur d'un mètre environ, est supportée par une couche de même apparence mais plus consistante, qui paraît être un grès ferrugineux extrêmement grossier se transformant, un peu plus bas, en grès couleur de rouille.

Enfin, toujours dans la même cuvette, et tout à fait en bas, sur l'un de ces bords, on trouve un calcaire blanc très sableux (échantillon n° 252). Cette roche forme pour ainsi dire deux berges qui s'éboulent et se désagrègent laissant entre elles comme un lit de ruisseau qui est jonché de débris du n° 248. Une de ces deux berges est à moitié recouverte par une immense ride de sable sous laquelle cette roche continue, beaucoup plus haut, servant d'ossature à la dune qui procède à son ensevelissement lent. Le n° 248 en débris recouvre, par places, une des deux berges précitées.

En C, col extrêmement difficile et très élevé, dominant la vallée B de 100 mètres au moins, et de plus de 90 mètres et presque à pic, la vallée D, sorte de cirque dans lequel nous descendons péniblement. Cette vallée D, — bordée de puissants oghroud et nettement coupée en trois points par des rides de sable qui la traversent d'un bord à l'autre, — est en général à sol de nebka mais, en de nombreuses places, et aux points les plus bas, apparaît, en affleurements plats ou en affleurements formant de très petits mamelons, le calcaire blanc n° 252 déjà décrit ci-dessus, mêlé à des débris des n°s 248 et 249. De loin en loin la roche 252 est visible très haut sur les flancs des oghroud, ce qui prouve péremptoirement que tout un système montagneux se cache sous le manteau actuel de sable; la roche se continue sous les oghroud dont elle n'est que l'ossature et c'est elle qui leur permet de prendre cette étonnante et majestueuse ampleur et cette grande élévation. Là où il n'existe pas d'ossature rocheuse, au contraire, comme beaucoup plus au Nord, les dunes restent de hauteur médiocre et ne sont plus que de simples amas de sable qui n'ont rien de commun avec les puissants oghroud de la région de l'ouar.

J'ai déjà émis cette opinion pour une partie des hautes dunes de l'oudje Sud que j'ai explorées et suivies depuis le Menkeb-Souf jusqu'à Ghdamès, dunes sous lesquelles, en de nombreux points, j'ai constaté la présence de massifs rocheux importants et très visibles, comme ici d'ailleurs. Le phénomène au lieu d'être confiné, comme on aurait pu le croire, sur la bordure Sud de l'erg s'étend donc au moins jusqu'ici, les constatations faites dans les journées d'hier et d'aujourd'hui le prouvent surabondamment. La vallée D contient des débris de poteries et des silex taillés (échantillon n° 253); à son extrémité Sud, en P, on trouve un atelier important où je recueille de nombreuses pierres et silex taillés (échantillon n° 254). La taille de ces instruments de l'époque préhistorique est assez grossière, et les beaux morceaux sont très rares. Quant aux fragments de poteries, de même que ceux d'hier, ils portent des ornements assez soignés et assez originaux semblant s'éloigner de ceux que j'ai précédemment recueillis dans le Sahara.

Comme il a été entendu, dès hier, nous campons à onze heures (Station G) et aussitôt après la plupart des hommes partent dans diverses directions à la recherche des fameux puits tant désirés. Les tentes sont établies au pied même d'un énorme ghourd (le ghourd K) haut de plus de 200 mètres et qui ferme complètement la vallée D.

Nous avons relevé ce matin la trace ancienne du passage d'un grand nombre de méhara montés ; d'après ce que l'on peut encore en juger par la forme des pieds des animaux, ce doit être là — et c'est la conviction de mes hommes — le ghezi des 74 Ahaggar que nous avions failli rencontrer l'an dernier à Timassânine.

Un peu après la tombée de la nuit tout mon monde a rallié le camp, personne n'a trouvé ce que nous cherchons. Les uns me disent que dans notre Sud s'ouvrent de nombreux feidjs à sol de hamada avec petits mamelons rocheux, c'est là un signe certain de la proximité de l'oudje Sud ; d'autres annoncent que les oghroud situés dans notre Est contiennent beaucoup d'Arisch, or les puits cherchés sont au milieu de dunes très chargées de cet arbuste. Deux autres des éclaireurs déclarent qu'ils se sont heurtés, dans une autre direction, à une région tellement difficile qu'elle est inabordable pour des animaux et où les oghroud se touchent tous. En somme résultat négatif sur toute la ligne; je décide que l'on marchera encore demain dans les mêmes conditions qu'aujourd'hui, c'est-à-dire une demi-étape, et le reste de la journée sera employé à des recherches nouvelles. Nous ne pourrons pas insister davantage attendu qu'il nous reste en tout, ce soir, 300 litres d'eau pour douze hommes et il ne nous faudra pas moins de sept jours, sans compter la journée de demain, pour regagner Hassi Bottine. D'autre part les chameaux arriveront juste à temps ainsi pour ne pas souffrir du manque d'eau. Nous avons supprimé le café pour tout le monde, sans exception aucune, bien que ce soit une grande privation pour moi, mais nécessité fait loi, et il faut économiser l'eau.

28 Janvier. — Aussitôt après le départ nous escaladons un sif puissant et nous marchons ensuite dans une vallée A coupée, transversalement et à plusieurs reprises, par des siouf attenant des deux côtés aux oghroud de bordure. Son sol est en général de la roche en débris mais il est loin d'être uni; il y a ici tout un système de collines ensevelies — comme hier — qui émerge encore dans la vallée et se montre sous forme de bancs de roches, de petits gour, ou de mamelons très accentués. On trouve là des roches assez diverses : d'abord celles des n°s 248 et 249 déjà vues la veille, puis des grès calcarifères et des calcaires avec sable (échantillon n° 255), ces derniers aussi en débris mélangés aux précédents et au suivant (classé sous l'échantillon n° 256) calcaire subcompact blanchâtre très fortement perforé, et grès calcarifère. Ce n° 256 est sûrement en place et c'est celui situé au-dessus de tous les autres. On retrouve aussi des affleurements de la roche n° 251, déjà décrite, reposant sur une couche de matière terreuse noire, comme suprà.

Dans cette vallée subsistent quelques lambeaux de medjebed fort anciens mais encore visibles.

En B affleurement de grès rouge très grossier calcarifère (échantillon n° 257) reposant sur une roche de gypse blanc très friable et parfois même en poussière. Les autres roches du même point sont superposées au n° 257. Les mamelons s'accentuent dans la vallée et leurs contreforts supérieurs montent sous les oghroud de bordure, au pied desquels ils apparaissent encore nettement.

En D, vallée semblable à A à sol composé des mêmes éléments rocheux en mamelons ou en débris à plat. D'abord affleurements des grès rouges n° 257; puis apparaissent des grès calcarifères hérissés d'aspérités irrégulières (échantillon n° 258); enfin un calcaire avec sable (échantillon n° 259) voisin de ceux précédemment cités. Çà et là, en outre, des mamelons de gypse en roche friable.

En E, cuvette avec un petit gour rocheux comme ceux ci-dessus. Le sol de cette enceinte est du reg de grès sur gypse en poussière blanche, *torba*, se soulevant en nuages épais sous nos pieds qui enfoncent de 10 à 15 centimètres dans cette couche.

Dans les deux vallées A et D gisent d'assez nombreux silex, des débris de meules, des polissoirs, des fragments de poteries sans ornementation (échantillon n° 260); les silex sont assez mal travaillés, à l'exception d'un seul dont la taille est irréprochable.

Les oghroud deviennent d'une couleur de plus en plus rouge, leurs anfractuosités élevées, *ghorrâfa*, ont aussi de plus en plus tendance à se recouvrir par endroits de minces parcelles tantôt noirâtres, tantôt blanches, phénomène que j'ai déjà signalé dans de précédents ouvrages et qui provient de ce que le vent soulevant les poussières des calcaires très blancs du Tinghert septentrional, ou des argiles brunes de la hamada de même nom, les entraîne dans les entonnoirs des oghroud les plus rapprochés. Ce phénomène décroît naturellement en intensité à mesure que l'on s'éloigne de l'oudje, et sa présence ici implique fatalement la proximité de l'oudje.

J'avais oublié de signaler que depuis deux jours — comme cela se produit du reste sur la route de Ghdamès vers Touggourt à même distance de l'oudje — les oghroud portent de la végétation presque jusqu'à leurs sommets, fait qui ne se produit dans aucune autre région du grand erg.

Nous campons, comme je l'avais décidé, un peu avant le milieu du jour (Station H). Les hommes partent aussitôt à la recherche du point que visent nos efforts, mais tous rentrent le soir sans succès. Il faut donc à contre-cœur prendre la route du Nord, je n'a plus que 250 litres d'eau, nous sommes au huitième jour de route, et il ne nous faut pas moins de sept fortes étapes pour rejoindre Bottine le puits le plus rapproché de nous.

En général mes Arabes boivent proportionnellement plus que Villatte et moi, mais quand il y a nécessité de se priver, ils sont doués d'une endurance considérable ; j'ai rencontré il y a peu de temps à Bottine trois chasseurs Chambba qui en étaient à leur quatrième jour de route depuis le moment où ils avaient absorbé leur dernière goutte d'eau. Il faut bien dire qu'une telle abstinence est possible en hiver, mais qu'en été il faut, pour ne pas succomber, boire trois ou quatre fois par jour au minimum.

Amar, mon guide spécial, est absolument navré, il se désole et se confond en excuses de toutes sortes; je ne saurais pourtant lui en vouloir beaucoup ni l'accuser d'ignorance car je sais que, s'il a été deux fois aux puits que nous cherchons, il les a toujours atteints en venant de l'oudje et non pas du Nord ; il est donc très excusable de ne pas avoir trouvé. Il y aurait bien un moyen de découvrir ce fameux point, ce serait de gagner l'oudje et de le suivre jusqu'au moment où Amar reconnaîtrait le terrain, mais nous n'avons pas assez d'eau pour tenter cette démarche et nous ne savons pas, au cas où nous trouverions les puits, si nous pourrions les faire revivre. Pour continuer nos recherches par le Sud il serait donc indispensable d'aller boire à Tabankort ou à Tifist, chose que je ne puis pas faire puisque j'ai promis, dans mes lettres à M. le Gouverneur Général de l'Algérie, de ne pas sortir de notre territoire.

La limite Sud de l'Arisch est peu éloignée de notre campement de ce soir ; il est donc très probable que nous laissons, un peu dans l'Est ou même dans l'E.-N.-E, le point que nous cherchions.

29 Janvier. — Nous reprenons aujourd'hui la direction du Nord et jusqu'à la ligne P. P. nous suivons, mais à rebours, la même route qu'hier. A partir de là, obliquant légèrement à gauche, nous côtoyons la même vallée D sur son autre bord, jusqu'à la hauteur de C. Nous avons toujours affaire aux mêmes ondulations et aux mêmes mamelons rocheux; calcaire blanc avec grains de quartz siliceux (échantillon n° 261) mélangé à du grès grossier; çà et là aussi des travertins avec empreintes indéterminables (échantillon n° 262).

Dans les parties les plus basses le gypse apparaît souvent, soi sous forme de roche soit sous la forme particulière de torba. Ei B gypse en roche sur le bord Ouest de la vallée. Je recueill aussi dans la même vallée de petits débris de bois silicifiés (échan tillon n° 263).

En F, sommet de col d'une cinquantaine de mètres. En G, cuvett à fond rocheux de même nature que précédemment; calcaires ca verneux avec sable siliceux (échantillon n° 264) et calcaire et grès divers (échantillon n° 265). Le 265 est superposé a 264.

Nous descendons ensuite dans une nouvelle vallée à sol rc cheux H. I. Là je recueille des fragments *de laves cellulaires rou lées* (échantillon n° 299). Cette circonstance jointe à la présenc de coquilles de Planorbis ainsi qu'aux pressions barométrique élevées pour la région (752,5-753) que nous enregistrons, m porte à croire que nous sommes ici dans un bras de l'Igharghaı Cela coïncide parfaitement du reste avec l'opinion que j'avai avancée dans un précédent travail, opinion basée sur la ren contre — au bord même de l'oudje, dans l'Est du Menkeb-Teı raga le 18 février 1892, et près de Tin-Yagguine le 20 janvie 1893 — de nombreux débris de ces mêmes laves; or il est bie évident que ce genre de roche éruptive ne peut provenir que d Ahaggar et du Tassili, et l'Igharghar est la seule rivière qı puisse les avoir amenées de l'un de ces deux massifs montagneu: Les pressions barométriques enregistrées, depuis le 28 au so jusqu'ici, sont beaucoup plus élevées que celles relevées à même latitude mais plus dans l'Ouest, sur mon itinéraire à l'E du Gassi Touil, à la fin de décembre 1895.

Les fonds de la vallée H sont en général recouverts de torl et il s'y élève de nombreux mamelons de roches semblables aı précédentes de ce jour; des travertins ou calcaires tubulair comme ceux décrits plus haut. En I, mamelon d'une vingtaiı de mètres d'élévation isolé au milieu de la vallée.

En J, sommet. Nous ne verrons plus, à partir de ce point, (vallées longues à sol rocheux, nous entrons dans la région d Oudian El-Halma et la roche n'affleure plus que *par très petit surfaces* dans quelques cuvettes profondes. La zone de l'oua que nous venons de quitter, reste maintenant dans notre Sud dans notre Est. L'Erg va devenir moins difficile au fur et à m sure que les oghroud seront moins serrés. Nous campons dans une petite vallée (Station I).

La rosée n'apparaît pas en général sur le sol dans les dunes quand celles-ci ont été privées depuis longtemps de pluie, ainsi ce matin au campement, point où il n'avait pas plu depuis fort longtemps, nous n'avions pas trace de rosée, et au contraire 5 ou 6 kilomètres plus au Nord on voyait de la rosée sur les flancs Sud des dunes et de la gelée blanche sur leurs flancs Nord, uniquement parce que le sol avait encore conservé l'humidité de pluies relativement récentes.

30 Janvier. — Nous cheminons de nouveau dans la région des Oudian El-Halma, nous traversons de profondes cuvettes prenant un peu l'allure de vallées écourtées. En A, très petit affleurement de travertins (échantillon n° 267) avec calcaire blanc superposé, au fond on trouve du gypse et du torba.

Dans la même cuvette, et à quelques centaines de mètres plus au Nord, se montrent des affleurements de travertins avec roseaux très visibles (échantillon n° 269). Enfin dans la partie la plus basse de la cuvette je recueille des coquilles de Planorbis (échantillon n° 268). Sur la bordure Est de la dépression, en A', atelier préhistorique qui renferme des débris de poteries et des silex taillés (échantillon n° 273).

En B, petite cuvette sur le sol de laquelle affleurent des grès calcarifères grossiers.

A partir de C, les oghroud cessent de montrer de la végétation jusqu'à leur sommet comme cela se passait plus au Sud; et les plantes vont maintenant rester confinées dans les parties basses, ou dans les replis de base des dunes.

En D, vallée de petite dimension présentant des affleurements de calcaires avec sable siliceux et de calcaires travertins (échantillon n° 270) et aussi quelque peu de grès. Il est important de remarquer — comme je l'ai déjà indiqué un peu plus haut — que les affleurements sont maintenant extrêmement restreints comme surface, et visibles seulement tout à fait au fond de quelques vallées, tout le terrain étant uniformément du sable.

Un peu après le point E nous coupons mon itinéraire d'aller (26 janvier), et nous resterons constamment dans son Est presque jusqu'au puits de Bottine.

En E, profond entonnoir avec mêmes affleurements qu'en D mais sur une très petite surface; E communique avec la vallée G par une sorte de col abaissé et étranglé ou mieux par une sorte d'isthme déprimé formant un bâten qui, à mi-côte, nous donne 70 mètres au-dessus de G; les grands pics sont de 150 à 170 mètres plus élevés que G. Cette vallée est assez étendue, elle montre les mêmes affleurements qu'en D, mais en outre on y recueille des calcaires fissiles en petites plaquettes (échantillon n° 271) qui se trouvent en dessous des autres roches.

En H petite vallée, moins importante que G, et qui nous montre les mêmes affleurements que le D. Toutes ces vallées ou cuvettes traversées aujourd'hui n'ont qu'une très petite surface de sol horizontal, elles consistent surtout en longues ondulations à très fortes pentes en sol de sable.

En I petit affleurement analogue à ceux de D; calcaires avec sable siliceux (échantillon n° 272). A partir de K réapparition de l'Alenda, c'est donc en ce point que passe sa limite Sud dans la région.

Depuis la moitié de la route les chaînes de dunes ont tendance à prendre une orientation qui, sans être rigoureuse, avoisine pourtant le N.-E.-S.-O. Le campement est établi au milieu d'une chaîne qui présente exactement cette direction (Station J). Le gibier continue à être abondant; mais des gazelles seulement.

31 Janvier. — Nous quittons pour ainsi dire la région des Oudian El-Halma pour parcourir une zone intermédiaire entre cette dernière et celle des Lejamate et participant un peu du caractère des deux. C'est, au milieu des pics, une succession de grands siouf, onduleux de ligne et ondulés de surface, s'entrecroisant partout; quelques lignes d'oghroud semblent commencer à former des chaînes, mais sans direction uniforme ni bien caractérisée, oscillant entre une orientation N.-S. et N.-E.-S.-O., c'est bien là du reste le caractère d'une région de transition.

Les pics ont diminué de hauteur et l'erg en conséquence devient plus facile, il est largement ondulé, parsemé de vallées plus ou moins plates dont la dimension augmente à mesure que l'on s'avance vers le Nord. Ce ne sont pourtant pas encore là des feidjs à sol horizontal mais des vallées à berges en pentes régulières assez rapides et toujours, bien entendu, à sol de sable.

Sur la première partie de la route nous trouvons comme végétation du Halma, du Had, de l'Alenda, mais par la suite, à la hauteur de ligne P. P., nous atteignons la limite Nord du Halma, plante que nous ne rencontrerons plus; par contre le Had augmente beaucoup et l'Alenda montre partout de très nombreuses touffes vertes.

La ligne P.P., qui forme la limite septentrionale du Halma, constitue en même temps la limite méridionale de la région des Lejamate dans laquelle nous entrons aussitôt après.

En A.A. petites cuvettes ou vallées présentant de maigres affleurements en place de calcaires blancs et gris (échantillon n° 274) très perforés, très usés par le frottement des sables; sous ces calcaires reposent, en débris, des grès gris calcarifères (échantillon n° 275).

En B, sommet situé à 55 mètres au-dessus des vallées environnantes et à moitié hauteur des pics voisins, ce qui donne à ces derniers une altitude relative de 110 mètres au-dessus des parties les plus basses.

En C, mêmes affleurements qu'en A (n°s 274-275), mais en outre on y constate l'affleurement en débris d'une sorte de roche cloisonnée, brèche avec fragments de calcaire brun (échantillon n° 276). Cette roche est superposée aux n°s 274 et 275 et n'affleure qu'en un seul point et sur une très faible étendue.

En D, petit affleurement des n°s 274 et 275.

En E, très grande vallée où affleurent des calcaires sableux en place (échantillon n° 277) et des poudingues en grandes dalles criblées de trous représentant exactement des calottes sphériques.

Nous campons dans une cuvette de sable (Station K).

Il a soufflé un vent assez fort de N.-E. qui plus tard a passé au S.-E. avec la même intensité, ce vent a soulevé du sable et nous a fort gêné toute la journée. D'énormes bandes de gazelles se sont levées devant nous pendant toute la marche d'aujourd'hui. Nous avons encore de très fortes pressions barométriques, relativement à l'altitude moyenne de cette partie de l'erg, je ne serais pas étonné que notre route nous fît suivre, sans que nous puissions nous en rendre compte, un lit de rivière; ce serait alors la continuation du bras de l'Igharghar dont il a été question un peu plus haut. Toutefois il serait d'autant plus téméraire de conclure que je n'ai rencontré aujourd'hui ni fragments de laves roulés, ni coquilles palustres ou fluviatiles.

1er Février. — Nous marchons aujourd'hui toute la journée dans la région des Lejamate, succession de grands siouf entrecroisés. Les feidjs à sol horizontal commencent à se montrer à partir de la ligne P.P., leur végétation est toujours la même, Had et Sbott; le Baguel ne paraît pas aujourd'hui, sa limite Sud est encore assez loin devant nous.

Les silex taillés sont décidément peu fréquents sur notre itinéraire, je n'en trouve qu'un petit nombre accompagnés de débris de poteries ornées dans une grande cuvette du draâ R (échantillon n° 279).

Dans les feidjs A. A. je relève quelques affleurements de poudingues de calcaire à sable siliceux (échantillon n° 278) saillant au milieu d'un reg de débris de grès et surtout de graviers de quartz roulé. Vient ensuite le Feidjet El-Harta, cuvette allongée dans laquelle figurent les mêmes affleurements, mais un peu plus importants comme surface; en ce point ils présentent quelques dalles assez grandes, usées et presque perforées; le tout au milieu du même reg de grès et de quartz roulé.

Le Feidjet El-Harta est limité au Nord par une chaîne très épaisse, le draâ R, que nous traversons et qui nous conduit au feidj K à sol de reg uni sans affleurement de roches, au moins sur notre route ou dans les limites où porte notre vue.

Nous campons dans la chaîne qui suit ce feidj et qui est elle-même trouée de plusieurs cuvettes de moyenne dimension (Station L). Le vent est resté comme hier assez fort et variable entre N.-E. et S.-E. et il a encore soulevé le sable. Les gazelles abondent partout.

L'état du ciel ne nous permet de faire aucune observation.

2 Février. — Nous avons terminé hier, un peu avant le point du campement, la traversée de la région des Lejamate et nous marchons aujourd'hui dans celle d'El-Aziba, que nous abandonnerons à son tour ce soir pour entrer dans la zone de l'Oudje Nord. Les feidjs sont maintenant largement ouverts et leur sol est sensiblement horizontal. Ils sont séparés par des draâs non compacts composés de siouf à courbes multiples et capricieuses et piquetés çà et là de quelques oghroud dont les plus élevés ne dépassent pas une cinquantaine de mètres d'altitude relative.

En A, feidj à sol de nebka montrant des affleurements de l'échantillon 278; il nourrit du Had qui est peu florissant, de l'Azal et du Sbott. Le B est un feidj à sol de nebka avec Had, Azal et Sbott, c'est l'une des têtes orientales du Feidj El-Aziba. En C feidj à sol de nebka mêlé d'un peu de reg fin, de quartz roulé et de quelques affleurements de grès grossier. Il constitue une autre des têtes du Feidj El-Aziba, ainsi que le E du reste qui rejoint le C à notre point de passage même. Dans ce feidj C, on trouve de l'Azal, du Sffar, du Sbott et du Had. Le feidj E nourrit du Neçi, de l'Azal, et du Sbott; son sol est de nebka avec quelques parties de reg fin. La feidj F n'est qu'une cuvette fermée à sol de nebka coupé de quelques plaques de reg fin et de quelques affleurements de grès grossier.

Nos hommes rencontrent des chasseurs Chambba qui leur annoncent que deux courriers m'attendent soit à Bel-Haïrane, soit au point où stationne mon convoi.

Nous campons dans une petite chaîne (Station M). En P, recueilli des débris de poteries dans une des petites cuvettes d'une chaîne de dunes (échantillon n° 280).

3 Février. — Nous cheminons aujourd'hui dans la région de l'oudje; feidjs et draâs se succèdent sans que l'on puisse bien se rendre compte — à partir de quelques kilomètres à droite et à gauche, à cause du mirage — si les draâs sont tous sans interruption et les feidjs sans solution de continuité.

J'ai envoyé en avant, dès cinq heures du matin, deux de mes hommes qui ont pour mission d'aviser Brahim, le chef du convoi resté à m'attendre, d'avoir à réunir les animaux et à les charger, de façon à ce que je puisse en passant les trouver prêts et les prendre pour nous rendre ensemble au puits de Bottine.

Jusqu'en A nous marchons dans la chaîne et à peu près parallèlement à sa direction. En B, feidj de nebka et de reg avec quelques affleurements de calcaires compacts rougeâtres avec sable siliceux (échantillon n° 281). Dans le feidj C on relève les mêmes affleurements que dans le feidj B; j'y recueille quelques débris de poteries et des silex taillés (échantillon n° 282). Nous traversons le Feidj El-Messdar et nous atteignons le campement de mon convoi. Les chameaux étaient au puits et n'arrivent aux bagages qu'en même temps que nous. Après un court arrêt, pour permettre de charger les animaux, nous repartons tous ensemble et nous campons à Hassi Bottine vers quatre heures.

En P ont commencé à apparaître le Baguel et le Drinn dur; ces plantes marquent la limite Nord du Sbott qui disparaît entièrement et qu'elles remplacent.

Je trouve, avec mon convoi, mon ancien guide Ben-Grine accompagné d'Ali-Ben-Meceïf (vieux Chambbi, fils d'une femme Targuie, élevé chez les Touareg et ayant habité avec eux jusqu'à ces dernières années). Ben-Grine a été envoyé par le commandant Pujat pour m'apporter — à quelque point que je pusse me trouver — une lettre me communiquant des dépêches du Gouverneur Général qui m'invitaient à ne rien tenter dans le Sud, à revenir sans plus tarder, et qui me donnaient connaissance des nouvelles reçues tant d'In-Salah que de Ghdamès, nouvelles pessimistes et consistant en ce que tous les Touareg, pensant me voir prochainement tenter le passage, s'étaient arrangés de façon à me barrer la route, etc... Ces dépêches m'annonçaient aussi la présence de Ben-Radja à Timassânine d'où il expédiait des schouaf pour être renseigné sur le moment et le point de mon passage probable. Il est évident que ces dépêches étaient parties d'Algérie avant l'arrivée de mes dernières lettres dans lesquelles j'avisais le Gouverneur que je rentrerais prochainement sans essayer de pénétrer chez les Touareg et après une simple exploration dans l'erg. Comme on ne savait pas si je ne tenterais pas malgré tout de passer — puisque mes lettres n'étaient pas encore arrivées à destination — on avait chargé Ben-Grine de m'atteindre partout où je serais et c'est pour cette raison qu'il s'était adjoint Ben-Meceïf, excellent guide, jusque dans le pays des Touareg même. Ben-Grine, que j'avais congédié à Bir El-Ghorrâfa, d'où il avait regagné Touggourt, savait que je devais passer par Ghourd Ed-Dar, c'est donc là qu'il a repris ma trace, et en la suivant sans la quitter il est tombé sur mon convoi qui m'attendait, et qui lui a appris que sous peu de jours je serais de retour.

Je vais répondre à ces lettres et Ben-Grine, qui partira demain avec Ben-Meceïf, les emportera à Touggourt.

Mes chameaux, qui n'avaient pas bu depuis quinze jours, se

gonflent d'eau outre mesure sans pourtant parvenir à se désaltérer complètement, il faudra une seconde séance au puits demain.

Nous venons de quitter le Grand Erg et il est bon de rappeler sommairement ici les diverses particularités topographiques qui distinguent les différentes zones de cette vaste surface.

Depuis les plateaux algériens au Nord, jusqu'à la hamada du Tinghert au Sud — et bien entendu dans l'Est du Gassi Touil, car les divisions qui sont notées ci-dessous ne s'appliquent pas le moins du monde à l'Erg situé à l'Ouest du Gassi Touil — le Grand Erg se divise en six régions qui ont chacune leur caractère particulier, leur aspect et leur flore distincte, comme je l'ai indiqué au fur et à mesure de leur traversée dans le cours de ce rapport; ces régions, en commençant par le Nord, sont ainsi dénommées par les indigènes :

1° El-Oudje Nord, *la joue.*

2° El-Aziba, ainsi nommée parce qu'elle nourrit une très grande quantité de touffes d'Azal.

3° Les Lejamate, *les brides;* zone où les feidjs se ferment, s'obstruent de nombreuses rides de sable, d'où son nom.

4° Les Oudian El-Halma, les *rivières du Halma.* Région difficile, à cuvettes profondes, où pousse en quantité la plante nommée Halma.

5° El-Ouar, *la difficile,* ou Kheit-El-Arisch, *la corde, la chaîne de l'Arisch,* tire son nom de la difficulté de son terrain et de l'abondance de l'arbrisseau nommé Arisch.

6° El-Oudje Sud; cette dernière région est aussi fort difficile et contient, de même que la précédente, des pics très élevés. C'est elle qui termine l'erg sur la hamada de Tinghert.

Outre ces six régions principales, il y en a d'autres intermédiaires qui servent de trait d'union entre les grandes divisions et qui, comme caractères généraux, participent à la fois des deux régions qu'elles relient.

III

PLATEAUX DU SUD ALGÉRIEN

4 Février. — Séjour. Dès le matin Ben-Grine et Ben-Meceïf repartent pour Touggourt emportant mes lettres et le reçu des dépêches du commandant Pujat.

Près de Bottine, et dans le draâ même du puits, sur le bord du gassi qui le limite au Sud je recueille des roches cylindriques calcaires avec sable siliceux (échantillon n° 283) au point V, en ce lieu elles jonchent le sol sur une petite surface et sur le sable même.

Temps nuageux et froid avec vent de N.-E. fort et sable soulevé. Depuis longtemps nous n'avions pas eu un temps pareil; c'est février qui commence et février a, dans le Sahara, une fort mauvaise réputation, réputation toute méritée du reste. Heureux que nous sommes de n'avoir pas eu à subir ce vent et ce sable dans l'erg. Pour ces raisons il est impossible de faire aucune observation astronomique, j'avais espéré pouvoir faire tout au moins dans la journée une observation de la variation du barreau aimanté et une autre de la valeur de la composante horizontale, malheureusement le vent est trop violent pour des observations de ce genre pour lesquelles l'immobilité absolue de l'instrument est obligatoire.

Pendant mon absence, il y a trois jours, Thâleb Abd-el-Kâder, le cheikh des assas de Bel-Haïrane, est venu au campement de mon convoi pensant que j'étais rentré. Il m'apportait en communication une lettre du commandant Pujat lui enjoignant de me faire connaître au plus tôt la présence, à Timassânine, de Mohamed-Ben-Radja avec une quarantaine de cavaliers, gens placés là pour tâcher de me surprendre, soit dans une direction, soit dans une autre.

5 Février. — Le vent continue aujourd'hui. Nous faisons une route facile sur des gassis superbes et à travers des draâs sans importance.

En A, gassi de reg avec des affleurements de calcaires durs avec sable siliceux (échantillon n° 284). Sous ce numéro se trouve un calcaire brun qu'on ne rencontre qu'en petites quantités, par places espacées, non seulement aujourd'hui mais en général dans tous les gassis de l'erg du Nord. Les gisements de cette dernière roche coïncident fréquemment avec les silex taillés et elle se trouve alors mélangée aux pierres noires ou rouge foncé qui semblent avoir subi l'action du feu au temps des tailleurs de silex.

Çà et là aussi nous traversons quelques affleurements de gypse en roche blanche mince et frêle ou en poussière brune ou rouge. En D, dépression assez semblable à un lit d'ouad, reg et mêmes affleurements.

Nous côtoyons la pointe Ouest du Ghourd Bou-Ghorrâfa et nous continuons ensuite sur la rive du gassi qui le touche au N.-O. pour camper non loin de ce ghourd dans de petites dunes (Station N).

En vue à gauche plusieurs chaînes d'oghroud semblant isolés, mais reliés entre eux par de minces siouf.

Dans le parcours d'aujourd'hui les gassis nourrissent de l'Adjerem, du Baguel et du Dhamrane; les draâs un peu de Had et du Drinn, mais tout cela est sec et en bien pauvre état. Nous avons dit adieu à la belle végétation en quittant le Grand Erg, et avec elle a disparu de même tout gibier.

Le vent de N.-E. froid soulevant du sable a soufflé tout le jour.

6 Février. — La mission s'avance sur une plaine ondulée qui forme pour ainsi dire estuaire des gassis venant du Sud; c'est bien le prolongement de ceux-ci, mais on ne peut guère qualifier le terrain que du nom de plaine. Le sol est ondulé et il est recouvert tantôt de reg, tantôt de nebka, avec des cuvettes et de très nombreux et très fréquents affleurements de roches fortement usées par le vent et les sables; ce sont d'abord les mêmes qu'hier, celles de l'échantillon n° 284, puis d'autres calcaires rougeâtres avec sable siliceux (échantillon n° 285) très voisins des premiers.

Nous passons à un puits creusé dans une des cuvettes de la

plaine, Hassi Toumïet, ainsi appelé à cause des oghroud de même nom situés près de notre campement d'hier, et qu'il ne faut pas confondre avec les Toumiet situés un peu plus au Nord. Le puits est mort depuis longtemps.

Çà et là nous traversons de petits siouf très bas, *Armath*, entourés de terrain de nebka.

Dans les draâs où les siouf poussent du Drinn et du Had, secs actuellement, et un peu de Dhamrane entre les rides de sable. Dans le reg on voit de l'Adjerem et du Dhamrane à peu près secs.

En B, terrain ondulé qui nous amène à l'Ouad Bou-Settâche; de très petits gour de roche (échantillon n° 286) servent de limite ou de berge à cette dépression, dans laquelle nous marchons et qui nous conduit au puits Hassi Bou-Settâche creusé au milieu d'une surface de gypse sur laquelle s'élèvent des mamelons de gypse boursouflé, craquelé et se délitant, d'une hauteur de 1 mètre à 1m,50.

Nous campons au puits même, nous sommes là dans une rivière, ou du moins dans une boucle de rivière, qui vient du Sud ou du S.-E. semblant continuer un gassi de l'erg et dont nous examinerons demain la direction en aval; des berges déchiquetées la bordent du côté du Sud-Est. Ne faudrait-il pas voir dans cette rivière un des bras de l'Igharghar venant de l'erg et coïncidant avec une ouverture de gassi?

Pendant notre route de ce jour nous avions ce matin à gauche les puits de Bel-Firane et les dunes qui entourent; à notre droite plusieurs draâs qui ont pris fin en venant s'éteindre sur la plaine et enfin une autre chaîne qui continue et s'interpose entre nous et Hassi Doui. Autour de Hassi Bou-Settâche, sur les éboulis des mamelons-berges de la cuvette, du côté par lequel nous sommes arrivés, on recueille des tubulures de calcaires avec sable (échantillon n° 288) semblant avoir été formées autour de racines d'arbres. Ces tubulures sont assez analogues aux tubes que l'on rencontre très fréquemment dans l'erg et qui se sont formés autour des racines de Drinn, mais ces dernières sont du grès.

Vers trois heures de l'après-midi arrive Thâleb-Abd-el-Kâder de Bel-Haïrane, accompagné de deux Maghzenis du bordj; il n'a pas voulu me laisser passer sans venir me voir et me saluer et sans me donner aussi quelques commissions. C'est un homme adroit, un diplomate saharien de première force, possédant toutes les qualités des Berbères de l'Ouest dont il a de même tous les défauts. Il repart presque aussitôt avec quelques cadeaux consistant en nourriture. Un des Maghzenis me donne des flèches de silex taillés qui proviennent des environs immédiats de Bel-Haïrane (échantillon n° 287). En 1890, époque à laquelle aucun Européen ne venait en ce point, j'avais recueilli moi-même de nombreux silex taillés dans la cuvette où sont creusés les puits ; mais aujourd'hui ils sont devenus très rares à cause du séjour et du passage de nombreuses personnes et de la présence d'un bordj habité.

Le soir les nuages empêchent d'observer des hauteurs d'étoiles pour un angle horaire; j'arrive pourtant et pendant un instant à saisir la Polaire qui nous donnera la latitude.

7 Février. — Journée insupportable à cause du vent glacé de N.-E. qui ne cesse pas. Nous cheminons dans un réseau de chaâbas qui constituent les anciennes berges des bras et des îles de l'Igharghar. L'Ouad Bou-Settâche communique avec ce dernier par l'Ouad Bent-Yahia et par l'Ouad Sioudi au moyen d'un inextricable fouillis de thalwegs plus ou moins embrouillés et mal définis. Les sommets des gour ou des petits plateaux ne dépassent guère 23 à 25 mètres. Ils sont tous à sol de calcaires divers, identiques aux échantillons d'hier, et auxquels il y a lieu d'ajouter des calcaires sableux (échantillon n° 289) qui se mêlent aux autres en affleurements extrêmement usés, déchiquetés et rugueux. Les cuvettes sont à sol de reg, généralement fin, avec des affleurements épars des mêmes roches et des affleurements de gypse en roches blanches minces très effritées.

La végétation se compose de Dhamrane et de Baguel, d'un peu de Rtem sur la bordure supérieure des gour ou des berges (*El-Aricha*), et enfin de Sffar et de Drinn dans le sable qui recouvre quelques parties des plateaux.

En B, berges de 15 mètres. En C, série de petits gour en désordre, témoins d'érosions anciennes. En D, gnater de poudingue du n° 289. En E, grès en tubes et en sphéroïdes agglutinés mi-partie noirs et jaunes. Grès calcarifère noirâtre subbotryoïde (échantillon n° 290).

En F, plateau à double pente : l'une vers le Sud, l'autre vers le

Nord, cette dernière forme berge méridionale, à peine visible en ce point, de l'Ouad Sioudi dans lequel nous campons.

Cette ouad venant de l'Igharghar se dirige vers l'Aïn El-Khâdra après quoi ses berges de gauche — les seules qui soient nettement déterminées du reste — disparaissent entièrement.

En G, un peu avant le campement, des grès brun rougeâtre (échantillon n° 291) émergent en petits mamelons. A notre droite et un peu derrière nous, l'Ouad Bou-Settâche se poursuit jusqu'aux oghroud du Hassi Malah-El-Hadaou et dans leur Est ; il est probable qu'en aval et au N. de ce puits il doit se confondre avec l'Ouad Sioudi sous le sol de sable de la plaine. A notre gauche gisent les puits, Hassi Bou-Keloua, Hassi Oulad-Salah de l'Est, Hassi Es-Chehcb ; enfin tout près de nous Hassi Bel-Guendouz. La berge de gauche du Sioudi dessine de ce côté une ligne irrégulière et profondément découpée — formant table horizontale — qui marche à la rencontre de notre azimut de route sous un angle aigu. Les puits ci-dessus sont situés à son pied ou dans ses replis.

Tout le long de la route — et comme c'est fréquent dans la région — on remarque de très beaux spécimens d'usure de roches par le frottement des sables. Dans quelques-uns des thalwegs traversés et surtout dans l'Ouad Bent-Yahia je recueille des débris de poteries et des silex taillés (échantillon n° 292).

Le temps fortement chargé empêche toute observation, bien que je me sois levé plusieurs fois pendant la nuit. Le baromètre est excessivement bas étant donné l'altitude à laquelle nous devons nous trouver.

8 Février. — J'aurais voulu passer par l'Aïn El-Khâdra qui, lors de son forage, a été *un puits jaillissant* et qui alors a rempli d'eau en entier la cuvette au fond de laquelle il se trouve ; depuis, par suite d'éboulements, il est devenu un simple puits ascendant dans lequel le liquide remonte pourtant encore tout près du sol. Un travail très simple de tubage rendrait à ce puits son débit primitif et en ferait à nouveau un puits jaillissant. Je désirais donc passer en ce point, mais le puits est actuellement remblayé et je suis obligé de me diriger vers un point d'eau vivant pour faire boire.

Le ciel est noir et la pluie commence dès six heures et demie, mais comme je n'ai qu'une étape très courte, je pars malgré le mauvais temps. Nous traversons l'Ouad Sioudi à lit plat de reg sur gypse souvent en poussière avec quelques affleurements des roches calcaires d'hier. En P, atelier de silex taillés (échantillon n° 294), beaucoup de ces silex sont d'un blanc laiteux; la pluie qui tombe en forte averse contrarie nos recherches et surtout les abrège.

Nous montons la berge de l'ouad qui compte ici une trentaine de mètres de hauteur. Le plateau qui domine est recouvert d'un manteau de sable qui nourrit beaucoup de Sffar et qui laisse percer des affleurements de la roche n° 289 d'hier, ainsi que des calcaires à sables siliceux analogues (échantillon n° 293) qui lui sont mélangés. Quelques cuvettes coupent ce petit plateau lequel n'est en somme qu'un promontoire du plateau général. Ces cuvettes sont à sol de grès brun rougeâtre en petits débris usés, de même que les gour qui les bordent.

Nous arrivons bientôt, pour y camper, au puits dit Hassi Hameyane ou Hassi Ahmeïda-Bel-Kheir, creusé dans une anse ou boucle étranglée de l'Ouad Sioudi. Son sol est jonché de débris de calcaires rougeâtres avec affleurements de gypse, mais en partie recouvert d'armath ou petites dunes qui nourrissent du Drinn et de très vieux Tarfa poussant sur des buttes sableuses comme les Ethel des rivières du Tassili.

La berge N.-O. de l'Ouad Sioudi — dont fait partie la cuvette où nous nous trouvons — est loin d'être une ligne continue, c'est une succession d'angles saillants, d'anses, de promontoires, de golfes, de gour très déchiquetés, très irréguliers, très rugueux et, au pied ou dans les replis de laquelle, se trouvent les puits indiqués hier et celui d'aujourd'hui.

La pluie dure jusqu'à neuf heures, reprend vers onze heures et toute la journée est sombre avec un temps menaçant. Il vente forte brise de N.-E. qui nous glace.

Le puits a fort peu d'eau, il faut le curer sans cesse et toute la journée est employée à faire boire les animaux, deux par deux, ou trois par trois. Nous trouvons ici des Chambba qui viennent abreuver; toutes les tentes de cette tribu ont quitté Ouargla et sont parties pour la campagne annuelle d'estivage dans le Sahara, il y en a à Hassi Mâlah-El-Hadaou, à Bel-Ktouta, à Ghourd M'barka, etc.

Lorsque l'on en arrivera à établir une carte générale de la région, il y aura lieu d'examiner de près les indications données par les cartes les plus récentes et par les itinéraires de divers voyageurs; ce que l'on a pris — dans la carte au $\frac{1}{2.000.000}$ — pour un bras de l'Igharghar revenant ensuite au lit majeur est très certainement l'Ouad Sioudi qui doit rejoindre à l'E.-N.-E. l'Ouad Bou-Settâche avec lequel il se confond. C'est bien, si l'on veut, un bras de l'Igharghar, mais il ne se réunit très probablement pas au lit majeur qui se termine à Temacine après avoir passé à Hassi El-Nakhla; c'est bien plutôt une branche distincte qui marche vers le N.-N.-E., du moins on est en droit de le supposer à cause des faibles altitudes relevées dans cette région; cette branche aurait eu autrefois une embouchure distincte de l'autre, quelque part dans la région des chotts Tunisiens ou tout au moins dans l'Est de Touggourt.

Pour bien saisir la topographie de cette région déchiquetée, composée d'innombrables mornes (gour témoins d'érosion), recouverte en grande partie de sable, il faudrait un temps très long et il serait indispensable de relever les contours de tous ces îlots séparés. Le procédé le plus rapide consisterait à s'élever de 100 ou de 200 mètres et à exécuter photographiquement un lever soigné du pays dont on saisirait alors les grandes lignes, et pour lequel on pourrait distinguer sans peine ce qui est réellement un ouad de ce qui n'est qu'une dépression. La méthode du colonel Laussedat rendrait dans ce cas les plus grands services et fournirait les éléments d'une carte irréprochable. Autrement il serait indispensable de faire un véritable nivellement général, les baromètres laissant trop de chances d'erreurs pour apprécier les pentes dans une zône où ces dernières sont tellement faibles qu'il est impossible, à priori, de décider dans quel sens on doit diriger l'écoulement des eaux d'un thalweg donné.

Pour le moment, le placement le plus exact possible des puits est la chose qui me paraît essentielle, le reste viendra plus tard et nous n'en sommes pas encore ici à faire de la géodésie.

Au reste, malgré les hésitations bien naturelles du voyageur qui traverse cette région, les divers itinéraires que j'ai dessinés dans le pays cadrent très suffisamment entre eux et j'ai la certitude que tous ces documents s'harmoniseront fort bien dans un travail final d'ensemble dont je commence dès maintenant la préparation.

9 Février. — Nous quittons la cuvette du puits pour parcourir une nouvelle anfractuosité creusée dans les berges de l'Ouad Sioudi, sorte de golfe profond découpé dans ses rives; les berges de cette dépression ont d'abord 28 à 30 mètres d'élévation presque à pic, puis peu à peu elles se transforment en pentes longues qui nous font remonter sur un petit plateau. Les éboulis des berges, au point où elles sont abruptes, sont composés de brèches calcaires avec sable siliceux et de calcaires cloisonnés (échantillon n° 295).

En A, dans la dépresssion, petit groupe de grands tamarix. En C, Ouad Igharghar — le lit majeur — venant d'Hassi El-Bekra; devant nous, à petite distance, le Hassi Megarine que j'ai déjà antérieurement visité et décrit (21 mars 1892). En C, dans le lit même de la rivière, terrain de Haïchat avec armath ou petites dunes qui ont tout envahi et encombré. Les berges de gauche sont — à cette hauteur — encore nettes, mais celles de droite se recouvrent partout de sable qui adoucit leurs pentes et change leur physionomie. A partir de P. P. elles disparaissent des deux bords et leur terminus se transforme en pentes douces et longues. Le lit s'ensable définitivement et se dirige vers Hassi El-Khadraia qui se trouve au milieu de l'ouad, perdu dans un massif d'armath assez important; le puits est signalé par de grosses touffes de tamarix. Dans l'Est d'Hassi El-Khadraia, sur la rive droite de l'Igharghar, s'étend une assez longue ligne de petites dunes qui se nomment Oghroud El-Khadraia. Un thalweg ensablé venant du S.-S.-E. vient rejoindre l'ouad en face du puits même; faut-il voir dans ce thalweg un lit mineur de communication entre l'Igharghar et la partie inférieure du Sioudi? c'est ce qu'il est impossible de décider à priori.

En K, dans l'Igharghar même, nous traversons un très important atelier de silex taillés, jonché de nombreuses pierres noires ayant subi l'action du feu. Les silex de ce point sont généralement de couleur blanche (échantillon n° 296).

En D, plateau de roches comme celles d'hier, mais presque complètement recouvert de nebka avec du Sffar et des masses d'Alenda. Des massifs importants de très petites dunes, *Zebbara*, se présentent un peu partout et augmentent en nombre à mesure que l'on avance vers le Nord. C'est le commencement de la région des Choucha Zerga que nous ne quitterons plus jusqu'à la limite des chotts de Temacine. Dans ce terrain poussent en quantité l'Azal et l'Alenda.

Les Oghroud El-Moktela nous restent à gauche et ceux de Chegga et de l'Ouad Er-Ghezal à droite. Nous campons dans l'Ouest du Ghourd Mtakki.

10 Février. — Le matin nous sommes enveloppés par un brouillard intense qui ne se dissipe totalement qu'assez longtemps après le lever du soleil; au moment où nous montons sur la pointe du sif A, l'effet est extrêmement pittoresque, nous dominons le brouillard, dont la couche est très mince, il s'étend à nos pieds en une nappe blanche au-dessous de laquelle on entend, sans les voir, mes hommes et mes chameaux de convoi; tous les siouf en vue émergent de cet océan d'ouate et semblent de petits îlots, c'est aussi inattendu que curieux, dans le Sahara tout au moins. (Photographie panoramique n° 143.)

En B, petit mamelon qui se nomme Gara Oulad-Kedasse; il forme promontoire terminal du bord Sud d'une sorte de thalweg dans lequel se trouve, un peu dans notre Ouest et à petite distance, le Hassi Oulad-Sâlem. Ce gara fait partie, en la dominant, d'une ligne d'ondulations P. P. semblant former les berges d'une rivière plus ou moins ensablée qui viendrait se perdre sous les sables du Ghourd Zokh et au puits du même nom. Ce thalweg montre par places une série de petites surfaces planes à sol de gypse et de reg de poudingue, K. K. K., ayant l'allure de chotts ou de fonds de rivière. Les ondulations, au point R, ont leur pied jonché de formations tubulaires; calcaire cylindrique très probablement remplaçant des végétaux (échantillon n° 297).

Notre route nous fait côtoyer à leur pied Est les Oghroud Bey-Sâlah et Zokh, puis celui dit Sif Ktef-El-Kelb à l'Ouest, non loin duquel nous campons et dans son Nord. Nous sommes au milieu d'une plaine, stérile pour le moment, qui contient de l'Alenda, du Sffar et du Semhari, le tout affreusement sec.

Dans le Ghourd Bey-Salah je photographie un Alenda énorme qui supporte deux nids de corbeaux. C'est là l'*Ephedra alata* le plus élevé que j'aie jamais rencontré, il compte près de cinq mètres.

11 Février. — Nous marchons dans la plaine de Matmat, surface à sol de nebka avec grandes buttes de sables couvertes de végétation et coupée de cuvettes de reg. De temps en temps le reg des cuvettes se mélange de débris et d'affleurements de calcaires rugueux (en A. A. A.). On traverse ou l'on suit quelques thalwegs confus, pour ainsi dire sans berges, et qui pouvaient être autrefois des rivières. Le calcaire se présente généralement en plaquettes minces. Il s'y mêle, dans les parties les plus basses, de nombreux affleurements de gypse, surtout après la ligne P. P. qui délimite une région où ces derniers, de même que les cuvettes, sont innombrables (C. C. C.). En B, affleurement — en un petit mamelon isolé faisant partie de la berge d'une des cuvettes — d'un calcaire jaunâtre avec grains de quartz (échantillon n° 298).

Le Zita apparaît à partir de la ligne P. en même temps du reste que les cuvettes à fond de gypse en roche ou en poussière avec efflorescences salines.

Dans ces cuvettes on trouve quelques silex taillés généralement de couleur blanche; de même on y récolte de remarquables spécimens d'usure.

Nous campons à un kilomètre à l'Est de Sidi-Bou-Hania.

12 Février. — Nous suivons une route, que j'ai déjà décrite, et qui nous amène dans la journée à Touggourt où je séjourne le lendemain, et le 15 février dans la soirée je mets de nouveau pied à terre à Biskra.

On sait que les Arabes, aussi bien ceux du Nord que ceux du Sud, ignorent toujours en quelle année ils se trouvent, aussi bien l'année du calendrier chrétien que du calendrier musulman, il en découle une difficulté considérable lorsque l'on veut être fixé sur une époque au moyen de renseignements arabes; je me suis donc livré à une recherche qui permettra aux Européens de se retrouver lorsqu'ils voyageront — dans la zône de parcours des Chambba seulement — car chaque groupe de tribu donne un nom spécial aux années écoulées, nom qui provient en général du fait le plus saillant de l'année, à quelque ordre qu'il appartienne. Voici donc *approximativement* un essai de classification des années chez les Chambba :

Année de Sidi Sliman. — Am Sidi Sliman. 1863
Année de Mjeïra. — Am Mjeïra. 1864
Année de Bou-Roubia. — Am Bou-Roubia. 1865
Année d'El-Arischa. — Am El-Arischa. 1866
Année de la famine. — Am Es-Châr. 1867
Année de la mort de Mabrouk-ben-Ameur. — Am li mate Ben-Ameur. 1868
Année de la mort de Bou-Hafs-Ben-Sliman. — Am li mate Bou-Hafs-Ben-Sliman. 1869
Année du Chérif. — Am Cherif; ou année de la République. — Am Boublique. 1870
Année de l'Aïn Taïba. — Am Aïn Taïba. 1871
Année de Sokra. — Am Sokra. 1872
Année du Bothâ. — Am El-Bothâ (année où a été fait prisonnier le chérif Bou-Choucha). 1873
Année de la mort de Cheikh-Ben-Sâlem. — Am li mate Cheikh-Ben-Sâlem. 1874
Année du Dekhal. — Am Dekhal. 1875
Année de Zirara. — Am Zirara. 1876
Année où est venu Moulay. — Am Moulay. 1877
Année de Sahane. — Am Sahane. 1878
Année du Colonel. — Am Kniner El-Ouel (année de la première mission du colonel Flatters). 1879
Année de la mort du colonel. — Am li mate Kniner (année de la seconde mission Flatters). 1880
Année de Sedar. — Am Sedar. 1881
Année de l'Ouar. — Am El-Ouar. 1882
Année où les Touareg ont été tués par Sahia-ben-Bou-Saïd. — Am li Matou Touareg. 1883
Année d'Hassi El-Hadjar ou année des Truffes. — Am Hassi-El-Hadjar ou Am Teurfas. 1884
Année de l'Hadjeri. — Am El-Hadjeri. 1885
Année de Bou-Laroua. — Am Bou-Laroua. 1886
Année de Bou-Tina. — Am Bou-Tina. 1887
Année de la mort de Ben-Younès. — Am li mate Ben-Younes. 1888
Année des entretués. — Am nas Ketelet en nas. 1889
Année des sauterelles. — Am Djerad. 1890
Année des Oghrid El-Azal. — Am Oghrid-El-Azal. 1891
Année d'El-Mâlah. — Am El-Malah. 1892
Année de Megarine. — Am El-Megarine. 1893
Année d'El-Aziba. — Am El-Adhiba. 1894

Il est important de remarquer que presque toutes ces années ont leur origine vers mars ou même avril, ce qui fait que beaucoup d'entre elles doivent être augmentées d'une unité pour cadrer avec l'année française; par exemple pour les années de la première et de la seconde mission Flatters qui en réalité sont **1880** et **1881**, pour l'année d'El-Aziba qui est en réalité **1895**.

Chacun de ces noms donnerait matière à une longue explication, mais une telle digression serait ici tout à fait oiseuse.

IV

ÉPILOGUE

Les résultats du voyage que l'on vient de lire peuvent ainsi se résumer :

Ma mission a parcouru 1.600 kilomètres, dont 879 en pays nouveau et non exploré par des Européens. Elle a relevé à l'échelle du $\frac{1}{100.000}$ près de 1.000 kilomètres d'itinéraire. Elle a observé 36 longitudes, 38 latitudes et fait 4 observations relatives au magnétisme. Elle a fixé l'altitude de 78 points ou puits. Elle a rapporté des échantillons géologiques, botaniques et préhistoriques et enfin exécuté de nombreuses photographies. Elle a franchi deux fois — Nord-Sud et Sud-Nord — la région des grandes dunes, ce qui porte à *douze* les traversées du Grand Erg que j'ai effectuées depuis 1889 jusqu'à ce jour entre les méridiens du Menkeb-Souf et de Ghdamès. Ces douze itinéraires permettent de tracer une carte relativement très exacte de cette étrange contrée, très peu connue auparavant, et où tout n'est que sable.

Un fait important — sur lequel il est bon d'insister et qui a été constaté, au cours de cette mission, dans la région dite de l'Ouar — est l'existence de toute une portion montagneuse à peu près complètement ensevelie sous les sables aujourd'hui.

J'avais au surplus déjà formulé cette hypothèse en indiquant, dans un de mes précédents ouvrages, que les sables de la majeure partie de la région de l'oudje Sud recouvraient tout un système de collines rocheuses visibles en beaucoup de points de sa limite méridionale. Au milieu de ces collines se déroule certainement, et sans contestation possible, un bras de l'Igharghar, communiquant encore, au Sud, par des feidjs plus ou moins obstrués avec la hamada du Tinghert, mais aujourd'hui entièrement invisible et recouvert par le réseau inextricable de l'erg un peu plus au Nord.

Ce qui, en cours de route, me poussait à admettre la présence dans cette zône d'un bras de l'Igharghar, c'étaient les trois constatations suivantes :

1° Les fortes pressions barométriques, d'où se déduisaient de faibles altitudes, relativement à l'ensemble de la contrée;

2° Les coquilles fluviatiles que je recueillais;

3° Enfin la présence de fragments roulés de laves cellulaires, *ne pouvant provenir que du Tassili ou du Ahaggar.*

Tous ces indices venaient purement et simplement confirmer dans mon esprit ce que j'avais déjà avancé dans mon rapport de mission de 1892 au sujet de l'existence probable d'un bras de l'Igharghar, dans une direction excentrique et très orientale relativement à son cours supérieur et surtout à son passage présumé à travers le Grand Erg. J'avais, à cette époque, dû me ranger à cette opinion à cause des nombreux fragments de laves cellulaires recueillis par moi au pied des dunes, dans l'Est du Menkeb-Terraga le 18 février 1892, et près de Tin-Yagguine le 20 janvier 1893.

Un autre fait mérite aussi d'être mis en lumière : c'est l'existence, dans la partie Sud de l'erg, d'une station autrefois habitée. On y trouve actuellement encore deux puits, mais sans eau, un gisement de sel, des tombes, des sentiers encore nettement dessinés, etc. Des chasseurs Chambba y ont été amenés seulement par le hasard. Cette station est absolument distincte des ruines de la ville nommée Menzcha-Oua-Es-Sohoud, — avec laquelle j'avais été tenté de l'assimiler lors de mes premières informations — et ne peut un instant être confondue avec elle.

J'ai vainement cherché ce point; mon guide finissait par se perdre complètement au milieu de l'innombrable quantité de pics de sable toujours semblables et fort difficiles dont nous étions entourés. Le besoin d'eau, et par conséquent la nécessité de rejoindre un puits, me forçaient à abandonner, pour le moment du moins, mes recherches et à revenir à Hassi Bottine, le quinzième jour après l'avoir quitté. Il ne nous restait plus que quelques litres de liquide à l'arrivée, et mes animaux eux-mêmes n'auraient pas pu impunément supporter beaucoup plus longtemps la privation d'eau.

Il eût été possible, en toute autre circonstance et comme je l'ai dit dans le cours de ce rapport, de prolonger mes investigations et peut-être de les voir couronnées de succès — car c'était en venant par le Sud que mon guide était tombé autrefois sur la station cherchée, et nous abordions au contraire la région par le Nord, — mais pour cela faire il était indispensable d'aller boire à un puits du Sud des dunes, soit à Tabankort, soit à Tifist; or je ne pouvais pas manquer à la parole donnée en partant, ni enfreindre les instructions de M. le Gouverneur Général de l'Algérie en sortant de notre territoire de commandement direct au Sud.

Ce voyage en somme aura donc été seulement une exploration géographique du Grand Erg, alors que mon vif et unique désir consistait surtout à poursuivre mon programme primitif, à retourner prendre contact avec les Azdjer et à les mettre en demeure de tenir, cette fois, leurs promesses formelles et de me conduire dans l'Aïr.

Il n'est pas inopportun de faire constater que je ne suis pour rien dans ce retard; il est tout à fait imputable aux autorités qui n'ont pas voulu prendre la responsabilité de mon départ pour le Tassili.

Déjà au mois de décembre 1894, si je n'ai pu réussir à me faire escorter dans l'Aïr par les Touareg Azdjer, c'est uniquement à cause des instructions que j'avais reçues du Gouvernement Général de l'Algérie, instructions qui m'enjoignaient d'avoir, *non pas à régler aux Azdjer les sommes gracieusement promises à ces derniers par M. le Gouverneur Général en payement de leurs chameaux volés — et dont je sollicitais la remise — mais de faire venir des mandataires Touareg en Algérie où ils toucheraient eux-mêmes ces sommes*. Je ne puis, à ce propos, que répéter ici ce que je disais dans le prologue de mon Rapport de mission de 1894-1895, page 2 :

« ..... Je dus donc — quoi qu'il en fût — me mettre en route dans les conditions indiquées ci-dessus, bien que je n'eusse plus qu'une confiance médiocre dans le résultat, en raison des restrictions formulées par l'autorité et bien que j'eusse déclaré à M. le Gouverneur Général et à M. le général de La Roque, qui tenait à la combinaison, que *si je ne payais pas les chameaux sur place* aux Azdjer, ces derniers *ne me laisseraient point passer* et ne m'escorteraient pas dans l'Aïr... »

Je citerai aussi, pour prouver que je n'avais pas tout à fait tort, les lignes suivantes que j'emprunte à la lettre des notables des

Azdjer, lettre adressée à M. le Gouverneur Général, et dont les deux mandataires Azdjer, que j'ai amenés à Touggourt en janvier 1895, étaient porteurs :

« ... Il faut vous dire toutefois, que l'engagement pris l'année dernière par Foureau et son compagnon, *à propos de la restitution des chameaux, n'a pas été intégralement rempli.*

« *C'est pour cette raison que les vôtres retournent sans avoir obtenu la satisfaction qu'ils désiraient* (être escortés et guidés dans l'Aïr)...

«... Si vous exécutez votre promesse au sujet de l'obligation formelle que vous avez contractée, en ce qui concerne le reste des chameaux, *les nôtres feront aboutir les projets présentés par Foureau* (c'est-à-dire le feront parvenir dans l'Aïr) (1)... »

Je considère qu'il était indispensable de donner ici les explications qui précèdent au sujet de mes voyages, car il ne saurait me convenir de passer, aux yeux du public ou à ceux des hommes qui s'occupent de pénétration africaine, pour un explorateur manquant d'esprit de suite ou de ténacité.

Je n'en persiste pas moins à croire que la réussite attend toujours, en fin de compte, l'homme qui poursuit avec énergie un objectif unique, et qui fait constamment converger tous ses efforts vers le même but, surtout lorsque ce but, et c'est mon cas, est entièrement désintéressé et de nature à augmenter le prestige du pays et à grossir la somme de ses conquêtes scientifiques; toutefois il me paraît infiniment triste de constater que les obstacles rencontrés sur la route ne proviennent pas tous des sauvages et que beaucoup d'entre eux sont le fait de civilisés.

Il serait absolument logique d'admettre qu'un voyageur ayant déjà fait ses preuves, qu'un explorateur qui n'est plus un novice, connaissant à fond les choses du pays qu'il a consciencieusement étudié, sachant ce que valent et ce que sont les indigènes, qu'il a vus, qu'il a fréquentés, avec lesquels il s'est trouvé à maintes reprises, avec lesquels il a discuté, dont il connaît les tendances, les idées et l'état d'esprit; il serait logique d'admettre, dis-je, qu'un tel homme ne marchera pas à la légère, et qu'il sait ce qu'il est opportun de faire, beaucoup mieux que ceux qui jugent les choses et les événements

(1) Dans mon Rapport de Mission de 1894-1895, page 72.

de loin, par renseignements souvent intéressés, et avec le désir de les faire cadrer bon gré mal gré avec une ligne de politique générale antérieurement arrêtée.

On doit bien penser qu'un explorateur — si aventureux soit-il — n'ira pas de gaîté de cœur risquer, imprudemment et sans profit pour personne, sa vie et son œuvre entière, ou même seulement gâcher sa besogne, compromettre sa réputation, en avançant à tort et à travers. Il marchera tout au contraire avec une extrême prudence, s'aidant le plus possible de sa connaissance du pays et des conditions politiques des gens qui l'habitent.

Il me semble pourtant que l'on ne se range pas facilement à cette doctrine qui paraît si simple et si naturelle, et je dois dire que, dans tous les cas, elle ne m'a pas été appliquée.

APPENDICES

I

PUITS

De même que dans mes précédents rapports il ne sera ci-dessous question que des puits auxquels je me suis arrêté cette année pour la première fois; je ne parlerai donc point de ceux que j'ai également touchés mais que j'avais déjà antérieurement visités et décrits.

Les années 1894 et 1895 ont été — pour le Sahara algérien — deux années extrêmement dures, et, dès la fin de l'hiver de 1895, la végétation verte manquait partout, l'absence de pluie ayant desséché complètement tous les végétaux. Il fallait pourtant que les Chambba arrivassent à trouver une nourriture suffisante pour leurs chameaux. Pour cela faire, ils ont dû aller estiver fort loin de leur ville de Ouargla, rejoindre la région favorisée par des pluies récentes et y creuser des puits nouveaux. La zone à végétation verte ne commençait guère, à ce moment, qu'à la latitude du Ghourd Retmaïa dans l'Ouest, et bien au Sud de Bel-Haïrane dans l'Est et par conséquent cette zone était limitée au N. par une ligne idéale inclinée sur les méridiens et sensiblement N.-O. - S.-E. C'est donc au Sud de cette ligne que les Chambba, dès le printemps de 1895, ont dû conduire leurs troupeaux, tout d'abord, puis y creuser des puits et enfin y installer leur Zeraïb d'estivage.

A l'Est ils commencèrent par forer un puits tout près du Ghourd Zina, puits profond qui donna beaucoup d'eau mais qui s'est éboulé avant la fin de la saison d'été; ils en creusèrent un second à peu de distance du premier, mais il subit le même sort. D'autres groupes avaient en même temps procédé au fonçage du puits d'El-Aziba, situé plus dans l'Est, et dont il est parlé dans le cours de mon carnet de route. Ce puits a abreuvé de nombreux troupeaux jusqu'à la fin de septembre, époque de la rentrée des nomades vers les oasis. Pour utiliser une autre région de pâturages située plus à l'Ouest, les Chambba avaient foré trois puits, très voisins les uns des autres, dans la région du Ghourd Khelal et à une vingtaine de kilomètres dans son N.-E., à peu près sur la route de Bel-Haïrane à Aïn Taïba. Ces puits, profonds d'une vingtaine de mètres, fournissant une eau excellente, avaient suffi à de très nombreux animaux et à de multiples Zeraïb.

Enfin tout à fait à l'ouest — et pour remplacer le puits de Ghourd-Oulad-Yaïch comblé, il y a tantôt deux ans, par ordre de l'autorité supérieure pour mettre obstacle au passage des ghezis — les Chambba avaient encore procédé au fonçage d'un puits près du Ghourd Zotti.

C'est à l'aide de ces quatre puits ou groupes de puits, auxquels on doit ajouter l'Aïn Taïba, que les nomades de Ouargla ont pu arriver à nourrir leurs troupeaux en utilisant la végétation passable des régions qui bordent l'erg au Nord, et en faisant avancer leurs animaux très loin dans l'erg où ils trouvaient des pâturages merveilleusement verts et florissants. Je leur avais moi-même indiqué l'année précédente quelques points voisins du Khelal et favorables au forage de puits ascendants, et cela surtout dans le but de leur permettre d'utiliser la riche végétation de l'erg tout en évitant d'abreuver à Aïn Taïba, point d'eau très difficile.

Bir Messelmi. — Puits situé dans une cuvette à peine indiquée au milieu d'une plaine de gypse recouverte de petites dunes et de terrain de nebka. Il est foré dans la roche de gypse avec $1^m,80$ de diamètre mais ce diamètre est diminué par des perches croisées et il n'a plus que $0^m,60$ à son orifice supérieur.

Profondeur totale, $8^m,90$ avec une épaisseur d'eau de $2^m,10$. Température de l'eau, $18^o,5$, la température de l'air en fronde étant de $6^o,5$. L'eau est de mauvaise qualité, salée et amère. Altitude, 90 mètres.

Bir Mouï-Cheikh (Tunisie). — Ce puits, creusé dans le gypse a un diamètre d'environ $1^m,10$. Il y a beaucoup de sangsues dans les *chriâhâ* d'abreuvage.

Profondeur totale, $7^m,90$ avec une épaisseur d'eau de $2^m,90$. Température de l'eau $19^o,2$, celle de l'air prise en fronde étant de 4°. La qualité de l'eau est passable et sa quantité considérable. Altitude, 76 mètres.

Bir Tourkya (Tunisie). — Ce puits, situé presque sur la bordure nord de l'oudje de l'erg, est creusé dans le sable et le gypse; il est coffré par places en rondins d'Azal, mais malgré cette précaution ses parois sont peu solides et le puits s'éboule très fréquemment. Son diamètre général est d'environ 1 mètre, mais il augmente beaucoup vers le fond.

Profondeur totale, $12^m,25$ avec une épaisseur d'eau de $0^m,25$ au moment de mon passage. La température de l'eau est de 21°, celle de l'air prise en fronde étant de 19°. L'eau est excellente, mais paraît peu abondante. Altitude, 135 mètres.

Bir Bou-Djoukha. — Ce puits est situé dans une sorte de feidj entouré de dunes et dont le sol est du gypse en roche blanche ou en cristallisations lenticulaires. Profondeur totale, 17^{m},75 avec une épaisseur d'eau de 0^{m},85. La température de l'eau est de 22°, celle de l'air prise en fronde étant de 16°. L'eau est très abondante et de qualité excellente. Altitude 125 mètres.

Bir El-Guettâtïa. — Ce puits est creusé dans la roche de gypse et situé dans l'Erg, sur une des routes d'El-Oued à Ghdamès. Profondeur totale 26^{m},50 avec une épaisseur d'eau de 0^{m},30 (après que des troupeaux ont bu il est vrai). La température de l'eau est de 22°,8, celle de l'air prise en fronde étant de 16°,5. La qualité de l'eau est tout à fait excellente; elle a parfois au sortir du puits une odeur d'acide sulfhydrique, mais cette odeur disparaît très rapidement, elle n'est due, au surplus, qu'à la présence de crottin d'animaux dans le puits. Altitude 160 mètres.

Bir El-Ghorrâfa. — Puits situé dans l'Erg, sur une des routes d'El-Oued à Ghdamès, coffré en maçonnerie de gypse et muni de deux piliers de maçonnerie de même nature supportant deux barres transversales qui permettent l'emploi d'une poulie pour l'extraction du liquide. Profondeur totale, 25^{m},20 avec une épaisseur d'eau de 0^{m},60. La température de l'eau est de 22°,6, celle de l'air prise en fronde étant de 1°,5. L'eau est identique comme qualité à celle du précédent, c'est-à-dire excellente. Altitude, 168 mètres. Tout près du puits vivant on en trouve un autre qui est actuellement légèrement remblayé de sable. Enfin une espèce de petit entonnoir situé non loin de là indique l'emplacement d'un vieux puits fort ancien entièrement éboulé.

Hassi Bou-Jorara. — Ce puits, situé sur la lisière Nord de l'Erg, se trouve au milieu d'une plaine de reg, il est creusé dans le gypse en haut et le fond est foré dans des marnes compactes (voir échantillon n° 230). Autrefois il était pourvu de piliers de plâtre permettant d'utiliser une poulie pour l'extraction de l'eau, mais ces piliers ont été renversés l'an dernier à la suite de discussions entre deux fractions de Chambba qui voulaient se disputer le droit de premier occupant.

Un puits nouveau — qui n'est pas encore tout à fait terminé — se voit à une vingtaine de mètres de l'ancien. Ce dernier est lui-même fortement remblayé car sa profondeur primitive dépassait légèrement 20 mètres, renseignement qui m'est donné par un des hommes de mon escorte ayant pris part lui-même en même temps que sa famille à l'établissement de ce puits. Profondeur totale, 17 mètres avec une épaisseur d'eau de 1^{m},40, *avant que l'on ait abreuvé*. La température de l'eau est de 22°,2, celle de l'air prise en fronde étant de 14°,5. L'eau est de bonne qualité. L'orifice supérieur du puits, coffré en perches d'Azal, a environ 90 centimètres de côté, mais le diamètre général du puits est supérieur à cette dimension. Altitude, 163 mètres.

Hassi El-Aziba. — Ce puits, situé dans l'erg, à peu près au milieu du gassi El-Aziba, est creusé d'abord dans la roche de gypse puis ensuite dans du sable à gros grains semblable à du gravier et extrêmement éboulant. Nous trouvons, en arrivant, le puits mort et n'accusant qu'une profondeur de 16^{m},50 alors que sa profondeur réelle, d'après renseignements, n'est pas moindre de 30 à 33 mètres. On a vu plus haut, dans le carnet de route, que j'avais renoncé à faire revivre ce point d'eau, à cause du travail considérable qu'il aurait fallu consacrer à cette opération. L'eau de ce puits était très abondante et excellente. Altitude, 195 mètres.

Hassi Bottine. — J'ai déjà visité ce puits et je l'ai décrit dans mon rapport de mission de 1890, cependant comme il y a de très légères différences dans les données des deux époques, je préfère indiquer ici les nouvelles données. Ce puits, pourvu de deux piliers de maçonnerie de plâtre et permettant par conséquent d'employer une poulie, est situé dans l'oudje Nord de l'erg au milieu d'une cuvette étroite et allongée, à sol de gypse, s'étranglant entre deux longs siouf de sable formant pour ainsi dire deux des tentacules du petit ghourd qui domine immédiatement le puits au N.-O. Profondeur totale, 22 mètres, avec une épaisseur d'eau de 1^{m},30 *avant l'abreuvage.* La température de l'eau est de 23°,2 celle de l'air prise en fronde étant de 13°,8. Cette eau est amère, légèrement salée et de mauvaise qualité, mais chose singulière, elle s'améliore par le séjour dans les barils et elle est beaucoup moins désagréable à boire après huit ou dix jours de portage dans des tonnelets ou dans des outres. Altitude, 196 mètres.

Hassi Bou-Settâche. — Ce puits est situé dans une cuvette formant golfe d'un ouad qui porte le même nom. Il est foré dans le gypse, mais il paraît — au dire des indigènes — que le fond repose sur de la roche vive dure que les travailleurs n'ont pu parvenir à percer. Profondeur totale 8^{m},90 avec une épaisseur d'eau de 0^{m},60 centimètres. La température de l'eau est de 21°,3 celle de l'air prise en fronde étant de 13°,5; sa qualité est passable. Le diamètre supérieur du puits atteint 0,80 centimètres, Altitude 177 mètres.

Hassi Hameyane ou **Ahmeïda-Bel-Kheir.** — Ce puits est situé dans une anfractuosité des berges Nord de l'Ouad Sioudi, il est foré dans la roche de gypse et son diamètre supérieur est de 0,80 centimètres. Il contient peu d'eau et demande de très fréquents curages. Au moment où nous passons il est fortement remblayé et il a peine à fournir, entre chaque curage, l'eau nécessaire pour abreuver huit ou dix chameaux.

Profondeur totale, $10^{m},50$ avec une épaisseur d'eau de 0,30 centimètres. La température de l'eau est de 22°,9, celle de l'air prise en fronde étant de 11°. La qualité de l'eau est excellente. Altitude, 165 mètres.

Je ne puis que répéter ici ce que j'ai dit antérieurement au sujet des puits de notre Sahara. Il serait nécessaire de faire parmi les *très nombreux* points d'eau du Sud algérien un choix judicieux, quant à leur espacement sur les routes les plus importantes, quant au volume d'eau qu'ils peuvent fournir, quant à la plus ou moins grande quantité de végétation qui les entoure, etc. Une fois le choix arrêté, on aurait soin de coffrer en bois ou en maçonnerie les puits désignés; on construirait une margelle susceptible de recevoir un couvercle en tôle et l'autorité s'arrangerait pour les confier à un des chefs de familles qui gravitent autour de chacun des puits mis en état, cela moyennant une très faible rétribution annuelle, et tout en n'oubliant pas de le rendre responsable du bris du couvercle ou de la margelle. De cette façon nous serions sûrs *d'avoir à toute heure et en toute saison* des points d'eau sérieux et immédiatement utilisables. Nous n'aurions plus à courir le risque de trouver ces puits ensablés, remblayés, au moment où l'on en aurait besoin. Au lieu de cela, actuellement, lorsqu'un puits n'est pas à proximité immédiate d'un campement *qui s'en sert*, on n'est jamais assuré de le trouver vivant et, la plupart du temps, lorsque l'on y arrive, il faut procéder à des travaux de curage.

Le manque d'entretien et les mauvaises conditions de forage et surtout de coffrage amènent dans presque tous des éboulements considérables; d'autre part l'absence de margelles et de couvercles laisse ceux qui, par hasard, ne s'éboulent pas se remplir de sable d'abord, puis de crottin, d'animaux noyés et pourris, d'immondices de toutes sortes. Il est aisé, comme je l'ai indiqué plus haut, de remédier à tous ces inconvénients et je suis persuadé que si l'on s'engageait dans cette voie et qu'on la poursuivît avec méthode, nous en retirerions des bénéfices incalculables dans le cas d'une colonne en marche ou même d'une simple reconnaissance comportant un assez grand nombre d'hommes et d'animaux, ou seulement pour le service du ravitaillement des Bordjs, etc. Il faut bien se pénétrer de cette idée qui, au premier abord semblera toute paradoxale, que *ce n'est pas l'eau qui manque dans le Sahara*. Ce qui manque, c'est la méthode; les indigènes n'ont pas su jusqu'ici et n'ont pas voulu, pour des raisons spéciales, chercher convenablement l'eau là où elle se trouve, et surtout n'ont pas pris les mesures nécessaires pour conserver celle qu'ils possèdent. Un Arabe creuse un puits en un point quelconque, ce point est entouré à ce moment de végétation ; deux mois plus tard, ses troupeaux ayant absorbé toutes les plantes vertes, il change de campement et abandonne le puits qui se comble en quelques semaines. C'est là un exemple entre mille, mais il découle de cette habitude une situation à laquelle il est très facile de porter remède si l'on veut; seulement il est indispensable de remarquer qu'en créant un puits permanent éloigné des centres d'habitation, il devient nécessaire de le couvrir, de le défendre, et en un mot de ne pas laisser aux premiers venus — le plus souvent ennemis — la liberté de l'utiliser quand et comme il leur plaît. C'est peut-être là ce qu'ont vu les Arabes nomades; quant à nous, nous n'avons pas les mêmes raisons d'agir et surtout nous avons d'autres devoirs : si nous entretenons des points d'eau excentriques et éloignés, nous prendrons nos mesures pour en défendre l'approche.

II

ALTITUDES

Bir Messelmi.	90	mètres.
Campement du 19 décembre 95, près Bir Bou-Châma.	83	—
Areg El-Arisch (pied).	90	—
Campement du 21 décembre 95, près Bir Hadj-Khaddour.	94	—
Près l'Aleb Ed-Debbane.	89	—
Bir Mouï-cheikh.	76	—
Campement du 25 décembre 95.	105	—
Campement du 26 décembre 95, près Bir Alendaoui.	90	—
Campement du 27 décembre 95, près Draâ El-Gueddim.	130	—
Bir Tourkya.	135	—
Campement des 29-30 décembre 95, près Bir Khassaïmïa.	145	—
Bir Bou-Djoukha.	125	—
Campement du 1er janvier 96, dans l'Est de Bir Berreçof.	178	—
Bir El-Guettâtïa.	160	—
Cols franchis le 2 janvier 96.	220	—
Bir El-Ghorrâfa.	168	—
Ghourd Oulad-Ahmed.	177	—
Ghourd Ed-Dar.	200	—
Campement du 8 janvier 96.	170	—
Hassi Bou-Jorara.	163	—
Près Hassi Lakhdar, 11 janvier 96.	178	—
Près Ghourd Mabrouka.	190	—
Ghourd Bou-Hokka.	191	—
Campement du 15 janvier 96.	195	—
Hassi El-Aziba.	195	—
Hassi Bottine.	196	—
Ghourd K dominant H. Bottine	231	—
Dans l'Erg-Station A.	200	—
Dans l'Erg-Station B.	247	—
Dans l'Erg-Station C.	255	—
Dans l'Erg-Station D.	284	—

Cols entre Station C et Station D.	315	mètres
Dans l'Erg-Station E.	270	—
Cols entre la Station D et la Station E.	312, 316, 337	—
Dans l'Erg-Station F.	277	—
Cols entre la Station E et la Station F.	319-404	—
Dans l'Erg-Station G.	290	—
Cols entre la Station F et la Station G.	385	—
Vallées entre Station F et Station G.	275	—
Sommets entre Station F et Station G.	450-480	—
Dans l'Erg-Station H.	300	—
Cols entre la Station G et la Station H.	380	—
Dans l'Erg-Station I.	286	—
Cols entre Station H et Station I.	315-340	—
Vallées entre Station H et Station I.	242-248	—
Dans l'Erg-Station J.	292	—
Cols entre Station I et Station J.	320-337	—
Vallées entre Station I et Station J.	250	—
Dans l'Erg-Station K.	260	—
Dans l'Erg-Station L.	245	—
Dans l'Erg-Station M.	230	—
Près Ghourd Bou-Ghorrâfa (Station N).	186	—
H. Bou-Settâche.	177	—
Ouad Bent-Yahia.	173	—
Ouad Sioudi (sur la bordure et non au fond).	160	—
Hassi Hameyane ou Ahmeïda-Bel-Kheir.	165	—
Fond de l'Ouad Igharghar près H. Khadraia.	145	—
Campement du 9 février 96.	148	—
Près Sif Ktef-El-Kelb.	130	—

III

OBSERVATIONS ASTRONOMIQUES

Rapport sur les déterminations astronomiques de latitudes et longitudes effectuées par M. Foureau dans son voyage de décembre 1895 *à février* 1896.

Les instruments utilisés par M. Foureau dans ce voyage sont les mêmes que ceux dont il disposait dans sa dernière exploration.

Il avait avec lui un théodolite magnétique, un sextant et cinq chronomètres de torpilleurs dont les marches antérieures et postérieures ont été déterminées grâce à l'obligeant concours de M. Trépied, directeur de l'Observatoire d'Alger.

Les résultats obtenus confirment au surplus absolument les conclusions déduites d'un précédent rapport.

Latitudes. — La polaire et quelques étoiles observées dans le voisinage de leur passage au méridien ont fourni les latitudes; le soleil a été laissé de côté, les observations de jour, — bien que beaucoup plus faciles, — donnant des résultats assez médiocres dans le Sahara. Au surplus les résultats sont très satisfaisants et la réduction individuelle des observations ne fournit pas de divergence supérieure à 25 secondes d'arc AU MAXIMUM. Chose très rare, aucune n'a dû être rejetée par suite d'erreur grossière, et la concordance est remarquable.

Les positions de 37 localités (1) ont été ainsi fixées. Pour une seule, Hassi Bottine, nous possédions déjà une détermination faite par M. Foureau dans son voyage de 1890; il avait trouvé, par la polaire, comme latitude, pour un point situé à un mille environ plus au Sud, 31° 16′ 19″. La position conclue cette année est de 31° 16′ 53″, la concordance est donc très satisfaisante; de plus, il convient de remarquer qu'à cette époque M. Foureau, moins bien outillé, ne possédait qu'un théodolite assez médiocre et dans tous les cas bien inférieur à celui à l'aide duquel il observe aujourd'hui.

(1) Au total 38 latitudes, 36 longitudes, 2 observations de la déviation du barreau aimanté et 2 observations de la valeur de la composante horizontale, le tout ayant donné lieu à 75 séries d'observations au théodolite et au sextant.

RELEVÉ DES

DATES.	LIEUX.	Longitudes orientales (1) EN TEMPS.	Longitudes orientales EN ARC.	ASTRES OBSERVÉS POUR LES LONGITUDES.
1895, décembre 20	Areg-El-Arisch........................	18m04s 1	4°31'01"5	α Aigle.
— 21	Près Bir El-Hadj-Khaddour............	18 55 7	4 43 55 5	α Aigle.
— 24	Bir Mouï-Cheikh.........................	20 56 5	5 14 07 5	α Aigle.
— 25	Près Bir Matroa........................	21 56 3	5 29 04 5	α Aigle.
— 26	Près Bir Alendaoui....................	22 42 7	5 40 40 5	α Aigle.
— 27	Draà-El-Gueddim........................	23 34 6	5 53 39 0	γ Orion.
— 28	Bir Tourkya..............................	23 54 5	5 58 37 5	α Orion.
— 29	Près Bir Khassaïmïa..................	23 35 9	5 53 58 5	γ Orion.
— 31	Bir Bou-Djoükha.........................	23 28 8	5 52 12 0	α Orion.
1896, janvier 1er	Dans l'Est de Bir Berreçof.............	23 41 5	5 55 22 5	α Orion.
— 2	Bir El-Guettâtïa.........................	23 46 8	5 56 42 0	α Orion.
— 3	Bir El-Ghorrâfa.........................	22 58 2	5 44 33 0	α Grand Chien.
— 5	—			
— 6	Près Ghourd Oulad-Ahmed............	21 58 9	5 29 43 5	α Orion.
— 7	Ghourd Ed-Dar..........................	21 30 2	5 22 33 0	α Orion.
— 8	Au Sud-Ouest de Ghourd Ed-Dar.......	20 35 1	5 08 46 5	γ Orion.
— 11	Près Hassi Lakhdar..................	19 04 2	4 46 03 0	α Grand Chien.
— 12	Près Ghourd Mabrouka...............	18 17 7	4 34 25 5	α Orion.
— 15	Près le feidj R........................	17 32 7	4 23 10 5	α Petit Chien.
— 16	Hassi El-Aziba	17 33 1	4 23 16 5	α Petit Chien.
— 18	Hassi Bottine...........................	17 33 1	4 23 16 5	α Petit Chien. α Pégase.
— 21	Grand Erg-Station A	17 45 0	4 26 15 0	α Petit Chien.
— 23	— Station C.................	18 52 2	4 43 13 5	α Petit Chien.
— 24	— Station D.................	19 38 4	4 54 36 0	α Petit Chien.
— 25	— Station E.................	20 23 4	5 05 51 0	α Petit Chien.
— 26	— Station F.................	21 11 5	5 17 52 5	α Petit Chien.
— 27	— Station G.................	21 13 7	5 18 25 5	α Petit Chien.
— 28	— Station H.................	21 18 2	5 19 33 0	α Petit Chien.
— 29	— Station I..................	20 56 5	5 14 07 5	α Petit Chien.
— 30	— Station J..................	20 26 6	5 06 39 0	α Petit Chien.
— 31	— Station K.................	19 47 4	4 56 51 0	α Petit Chien.
— février 2	— Station M.................	18 04 1	4 31 01 5	α Petit Chien.
— 5	Près Ghourd Bou-Ghorrâfa............	16 37 9	4 09 28 5	α Grand Chien.
— 6	Hassi Bou-Settâche..................	16 14 0	4 03 30 0	⊙
— 8	Hassi Hameyane ou Ahmeïda-Bel-Kheïr.	15 55 0	3 58 45 0	α Petit Chien.
— 9	Dans l'Ouest du Ghourd Metakki......	15 42 1	3 55 31 5	α Petit Chien.
— 10	Près Sif Ktef-El-Kelb	15 14 1	3 48 33 0	α Petit Chien.
— 12	Touggourt (place du Marché)..........	»	»	—

(1) On a compris dans les chiffres de cette colonne 2 secondes comme amplitude de l'erreur possib

RÉSULTATS

LATITUDES BORÉALES.	ASTRES OBSERVÉS POUR LES LATITUDES.	AMPLITUDE DE L'ERREUR PROBABLE EN LONGITUDE (1).	Observations magnétiques		OBSERVATIONS.
			DÉVIATION DU BARREAU.	VALEUR DE LA COMPOSANTE HORIZONTALE	
33°40' 10"	α Petite Ourse.	± 3s			
33 37 41	α Petite Ourse.	± 3			
33 31 38	α Petite Ourse.	± 3			
33 23 00	α Petite Ourse.	± 1			
33 13 10	α Petite Ourse.	± 3			
33 03 00	α Petite Ourse.	± 3			
32 58 46	Circ. de β Baleine.	± 3			
32 49 07	α Petite Ourse.	± 3			
32 42 12	α Petite Ourse.	± 4			
32 29 45	α Petite Ourse.	± 4			
32 24 55	α Petite Ourse.	± 4			
32 17 28	α Petite Ourse.	± 3			Hauteur méridienne du ⊙ au sextant.
32 17 31	⊙				
32 13 27	α Petite Ourse.	± 2			
32 01 36	α Petite Ourse.	± 2			
31 56 23	α Petite Ourse.	± 4			
31 41 03	α Petite Ourse.	± 4			
31 29 04	α Petite Ourse.	± 4			
31 04 54	α Petite Ourse.	± 3			
30 57 26	α Petite Ourse.	± 4			
31 16 53	α Petite Ourse.	± 4			Longitude moyenne.
30 59 29	α Petite Ourse.	± 6			
30 26 24	α Petite Ourse.	± 8			
30 15 15	α Petite Ourse.	± 8			
30 06 24	α Petite Ourse.	± 8			
29 57 17	α Petite Ourse.	± 8			
29 50 03	α Petite Ourse.	± 8			
29 41 07	α Petite Ourse.	± 8			
29 57 24	α Petite Ourse.	± 8			
30 12 05	α Petite Ourse.	± 8			
30 27 48	α Petite Ourse.	± 8			
31 00 11	α Petite Ourse.	± 8			
31 25 45	α Petite Ourse.	± 8			
31 35 15	α Petite Ourse.	± 6	11°51' 51"	0.2794	
31 57 33	α Petite Ourse.	± 5			
32 14 58	α Petite Ourse.	± 4			
32 32 09	α Petite Ourse.	± 3			
—	—	—	11 26 49	0.2736	

d'observation.

Longitudes. — *Chronomètres*. Ces derniers n'ont pas mal marché et les longitudes sont très bonnes. Jusqu'au 20 janvier 1896, l'erreur à craindre ne dépasse en aucun cas trois à quatre secondes de temps. A partir de cette date, par suite de l'entrée dans la région difficile de l'Erg, et par conséquent de l'augmentation des oscillations subies par les instruments, l'incertitude est plus grande, mais ne dépasse pas huit secondes de temps *au maximum*.

Les états absolus ont été obtenus à l'aide d'étoiles et les observations cadrent très bien avec l'estime.

Dans une partie de son voyage l'explorateur a recoupé une ligne déjà suivie par lui antérieurement, au puits d'Hassi Bottine. La longitude conclue pour ce lieu est $17^m,33^s,1$ Est, tandis qu'en 1890 il avait été trouvé $17^m,06^s,0$ Est. La différence est assez sensible, mais le chronomètre de marine à fusée utilisé dans l'exploration antérieure n'avait fourni que des résultats fort médiocres; il faut, je l'ai déjà dit, renoncer à emporter un tel instrument dans un voyage terrestre. De plus, en 1890, l'angle horaire avait été déduit du soleil et, comme je l'ai ci-dessus indiqué, le théodolite employé à cette époque était très inférieur à celui qui a servi aux observations actuelles.

Les résultats de cette année sont bien supérieurs et, pour cette localité en particulier, *l'erreur possible* MAXIMUM *sur la longitude ne dépasse plus actuellement quatre secondes de temps.*

Quelques personnes peu au courant de la géographie s'étonneront de l'importance que nous donnons au degré de l'erreur qu'a pu commettre un explorateur; c'est cependant, au point de vue des cartes, la chose fondamentale.

A cet égard, M. Foureau tire de ses instruments le maximum de ce que l'on peut exiger.

F. OLTRAMARE,

Astronome à l'Observatoire.

NOTA. La construction graphique de la carte d'itinéraire a permis de constater qu'il existe une très remarquable coïncidence entre les azimuts journaliers fournis par l'estime de route, et ceux déduits de la réunion successive de chacun des points déterminés astronomiquement. Les écarts extrêmes constatés entre ces deux données ne dépassent pas 70 pour quelques journées où les terrains parcourus étaient particulièrement difficiles; mais *la plupart du temps cet écart est nul*, et les deux azimuts sont les mêmes en tenant compte, bien entendu, de la variation. (F. FOUREAU.)

IV

MÉTÉOROLOGIE

Toutes les observations ont été faites avec des thermomètres étalonnés et avec des baromètres comparés avec soin, et longtemps auparavant, avec un Fortin stationnaire à Biskra.

La température indiquée pour midi est toujours prise en fronde.

Rien de particulier à signaler cette année, et dans ce voyage, si ce n'est un peu de brouillard.

Le lieu indiqué chaque jour est celui où campe la mission le soir.

EXPLICATION DES SIGNES EMPLOYÉS DANS LES TABLEAUX MÉTÉOROLOGIQUES

t. f.	très fort.
f.	fort.
v. ou *var.*	variable.
chih.	chihili.
fai.	faible.
a. p. s.	à peine sensible.
B. B.	Belle brise.
couv.	couvert.

ANNÉE.	MOIS.	JOUR.	LIEU.	Thermomètre centigrade.				Baromètre réduit à 0°.		
				MINIMA.	7h M.	12h.	7h S.	7h M.	12 h.	7h S.
1	2	3	4	5	6	7	8	9	10	11
1895	Décembre	14	Au Nord-Ouest de Chegga.	»	8°8	21°5	16°5	753	755 3	757 2
—	—	15	Au Nord de Meguébra.....	7°7	11 2	19 8	12 3	757 3	761 8	760
—	—	16	Stâh Hameraïa............	3 3	5 8	18 8	10 5	762 4	761	758 8
—	—	17	Près Sif-el-Menadi........	2	6 5	17 7	15	758 7	759 5	757 5
—	—	18	Près Hassi Messelmi.......	11 4	13 4	20 8	10	755 5	750 5	751 5
—	—	19	Près Bir Bou-Châma......	4 8	6 5	15 3	13 5	753 2	755	753 2
—	—	20	Areg-El-Arisch............	6 5	8	14 3	10 3	754 5	755 8	755 8
—	—	21	Près Bir El-Hadj-Khaddour.	5	7	14 3	8	756 5	758 8	757 8
—	—	22	Draâ Ed-Debbane.........	1 5	4	14 5	7	757 2	759 2	757 5
—	—	23	Bir Mouï-Cheikh..........	1 5	4 8	14 5	6 5	755 2	756 7	756
—	—	24	Bir Mouï-Cheikh.........	2	3	17 8	9	755 5	756 7	755 8
—	—	25	Près Bir Matroa...........	4 8	6 2	17	8	756 3	56 6	756
—	—	26	Près Bir Alendaoui........	2 2	4	17 5	6 2	757 3	758	758 2
—	—	27	Draâ El-Gueddim.........	2		20	11 5		758 2	756 8
—	—	28	Bir Tourkya..............	6 5	7	18	12 5	756 5	755 4	755
—	—	29	Près Bir Khassaïmïa.......	1 5	3 8	15 5	8	756	755	756 2
—	—	30	Près Bir Khassaïmïa	3 4	7 8	19	12 2	754 2	753 5	754 6
—	—	31	Bir Bou-Djoukha..........	4 5	7 5	17	12	754	756	755

Vent.			Ciel.			OBSERVATIONS.
7h M.	12h.	7h S.	7h M.	12h.	7h S.	
12	13	14	15	16	17.	18
S.-O. à p. s.	N.-O. fai.	N.-O. fai	Nuageux.	Légers cirrus O.	Pur.	Ciel en partie couvert ; à 7 h. 1/2 gouttes de pluie ; après-midi vent faible de N.-O. ; ciel pur dans la soirée.
N.-O. fai.	N.-O. fai.	N.-O. à p. s.	Légers cirrus.	Pur.	Pur.	Le matin léger vent de N.-O. ; bel après-midi ; au coucher du soleil stratus nombreux dans la partie Sud.
N.-O. à p. s.	N.-O. fai.	S. à p. s.	Stratus au N.-O.	Beau.	Beau.	Léger vent de N.-O. ; cirrus nombreux dans la partie Sud ; 5 h. s. stratus nombreux partie Nord du ciel.
S. fai.	S. fai.	S. à p. s.	Beau.	Beau.	Brumeux.	Faible vent du Sud ; cirrus nombreux dans la partie Nord du ciel ; 5 h. s. brumes épaisses.
S. fai.	S.-O. f. brise.	S.-O. fai.	Couvert.	Brumeux.	Pur.	Ciel couvert ; 7 h. faible vent du Sud ; 9 h. vent de S.-O. ciel brumeux ; 1 h. forte brise de S.-O. sable soulevé ; 4 h. 1/2 vent violent de S.-O. gouttes de pluie ; au coucher du soleil le vent tombe complètement : 7 h. ciel pur ; vent de S.-O. à peine sensible.
S.-O. à p. s.	S.-O. fai.	S.-O. à p. s.	Pur.	Pur.	Gouttes de pluie.	Le matin légère rosée, faible vent de S.-O. ; 3 h. s. le ciel se couvre dans la partie Sud ; 5 h. ciel complètement couvert ; 7 h. quelques gouttes de pluie ; 11 h. s. forte brise de S.-O. soufflant par rafales ; minuit 1/2 averse de courte durée ; le reste de la nuit le ciel demeure couvert.
S.-O. à p. s.	S.-O. fai.	S.-O. à p. s.	Pur.	Pur.	Beau.	Au lever du jour ciel en partie découvert ; 7 h. ciel pur ; faible vent de S.-O. tout l'après midi ; 7 h. s. nombreux cirrus dans la partie Sud du ciel.
S.-O. fai.	S.-O. B. B.	S.-O. fai.	Pur.	Pur.	Pur.	Très belle journée ; vent de S.-O. B. B. dans l'après midi ; à 5 h. faible vent de S.-O. ; toute la nuit ciel pur, vent nul.
S.-O. à p. s.	S.-E. fai.	Nul.	Pur.	Pur.	Beau.	Le matin légère rosée ; dans l'après-midi faible vent de S.-E. ; 7 h. s. stratus nombreux dans l'Ouest, ils se dissipent vers 10 h. du soir.
Nul.	S.-O. fai.	S.-O. à p. s.	Beau.	Pur.	Brumeux.	Ciel pur ; vers 11 h. cirrus nombreux dans la partie N. du ciel ; après-midi faible vent de S.-O. ; à 5 h. s. le ciel s'embrume dans l'Ouest ; 6 h. 1/2 grand halo lunaire ; à 11 h. s. le ciel s'éclaircit complètement.
S.-E. fai.	S.-E. fai.	S.-E. à p. s.	Beau.	Beau.	Brumeux.	Légers cirrus dans l'Est ; faible vent de S.-E. dans l'après-midi ; à 6 h. s. ciel brumeux dans la partie Ouest ; 7 h. halo lunaire ; ciel nuageux toute la nuit.
S.-O. à p. s.	S.-O. fai.	Nul.	1/4 couvert.	Brumeux.	Brumeux.	Ciel en partie couvert (stratus) ; faible vent de S.-O. ; après-midi ciel brumeux ; à 7 h. halo lunaire ; ciel brumeux toute la nuit.
Nul.	S.-O. fai.	Nul.	Pur.	Pur.	Pur.	Légère rosée ; faible vent de S.-O. ; ciel pur ; très belle journée.
Nul.	S.-O. fai.	S.-O. à p. s.	Beau.	Pur.	Pur.	Légère rosée ; faible vent de S.-O. ; stratus dans la partie Nord ; bel après-midi.
Nul.	N.-E. fai.	N. à p. s.	Beau.	Beau.	Brumeux.	Très légère rosée ; légers cirrus dans l'Est ; à 2 h. s. forte brise de N.-E., sable soulevé, ciel brumeux ; le vent cesse au coucher du soleil ; dans la soirée ciel brumeux.
N. fai.	N.-O. fai.	S.-O. à p. s.	Pur.	Pur.	Pur.	Belle journée, ciel pur, faible vent de N.-O. ; bel après-midi, stratus dans la partie N. du ciel.
S.-O. fai.	S.-O. fai.	N.-O. à p. s.	Couvert.	Pur.	Brumeux.	Le matin ciel couvert, gouttes de pluie ; le ciel se découvre vers 10 h. ; faible vent de S.-O. dans l'après-midi ; 7 h. s. ciel brumeux dans l'Est.
S.-E. fai.	S.-O. fai.	Nul.	Pur.	Pur.	Pur.	Ciel pur tout le jour ; faible vent de S.-O.

ANNÉE.	MOIS.	JOUR.	LIEU.	Thermomètre centigrade.				Baromètre réduit à 0°.			Vent.		
				MINIMA.	7h M.	12h.	7h S.	7h M.	12h.	7h S.	7h M.	12h.	7h S.
1	2	3	4	5	6	7	8	9	10	11	12	13	14
1896	Janvier	1er	Dans l'Est de Berreçof..........	6°5	7°	17°5	11°5	753 5	754	751 5	S. à p. s.	S.-O. fai.	S. à p. s.
—	—	2	Bir El-Guettâfïa	3 2	6	17	9 5	752	753	753 2	Nul.	S.-O. fai.	Nul.
—	—	3	Bir El-Ghorrâfa	— 1 5	2 7	15	7	752 5	750	754	Nul.	S. fai.	Nul.
—	—	4	—	— 2 7	—0 5	14 5	3	752	755 2	753	S. fai.	S.-E. fai.	Nul.
—	—	5	—	— 1 8	—1	14 5	4	749 5	753	751 2	Nul.	S.-E. fai.	Nul.
—	—	6	Près Ghourd Oulad-Ahmed.......	— 2 8	—2 2	15	6	753	757 5	755 5	S. à p. s.	N.-O. fai.	N.-O. fai.
—	—	7	Ghourd Ed-Dar	— 4	—3	14	4	754	757 5	752 5	N.-O.àp.s.	N.-O. fai.	Nul.
—	—	8	Au S.-O. de Ghourd Ed-Dar	— 4 2	—3	13 5	3	751 5	754	752	N.-O. fai.	N.-O. fai.	N.-O.àp.s.
—	—	9	Hassi Bou-Jorara..............	— 5 2	—3	13 5	12	749 5	751 5	746	S. fai.	S.-O. B. B.	S.-O. fai.
—	—	10	—	9 2	9 8	14 5	12	744 8	744	746 5	S.-O. fai.	O.S.O. fai.	O.S.O. fai.
—	—	11	Près Hassi Lakhdar............	5	6 7	12	6	750	754	751	S.-O. fai.	N.-O. fai.	N.-O. fai.
—	—	12	Près Ghourd Mabrouka..........	0 5	1 8	14	7 5	749 5	751	749 2	N.-O. fai.	N.-O. fai.	N.-O.àp.s.
—	—	13	Ghourd Bou-Hokka.............	— 2 5	±0	13	11	750	748	746	S. var.	S.-E. fai.	S. à p. s.
—	—	14	—	8	9 8	14	13	743 8	743 5	743 8	S.-E. fai.	S.-O. B. B.	S.-O. fai.
—	—	15	Près le Feidj R	6 5	7 3	11 8	10 5	741 5	743 2	744	S.-O. fai.	N.-O. B. B.	N.-O. fai.
—	—	16	Hassi El-Aziba................	5	7	13	9	747	750 3	750	N.-O. B. B.	N.-O. fai.	N.-O. fai.
—	—	17	Feidj Bou-Gharb..............	1 6	3 2	14	8	751	753 8	753 8	N.-O. fai.	N.-O. fai.	N.-O. fai.
—	—	18	Hassi Bottine.................	0 8	3	14 5	10 3	752	751 3	752	Nul.	N.-O. var.	N.-O. fai.
—	—	19	—	0 8	2	13 8	8	750	752	751 8	S-.O. fai.	Nul.	Nul.
—	—	20	—	0 8	2 7	13 5	10	751 8	753 2	753 5	N.-O.àp.s.	S.-O. fai.	Nul.
—	—	21	Grand Erg — Station A.......	3 8	5 5	14	10 5	753 2	754 5	754 2	Nul.	S.-E. fai.	Nul.
—	—	22	— — B.......	5 3	5 9	12	10	752	751 5	749 2	N.-E. fai.	S.-E. B. B.	S.-E. fai.
—	—	23	— — C.......	6	7 8	12	7	746 5	746 5	745	S.-E. fai.	S.-E. fai.	Nul.
—	—	24	— — D.......	8 8	9	16 5	9 3	741 5	740 3	740	N.-E. fai.	N.-E. fai.	Nul.
—	—	25	— — E.......	5 6	7	16	12	743	741	744	N.-E. fai.	N.-E. fai.	N.-E.àp.s
—	—	26	— — F.......	3 9	5	15 3	11	745 2	739	743	Nul.	N.-E. fai.	Nul.
—	—	27	— — G.......	1 9	3	15 3	11 2	744 3	738	747	Nul.	N.-O. fai.	Nul.
—	—	28	— — H.......	1 3	3 4	14	10	745	747 3	748	N.-O. fai.	N.-O. var.	Nul.
—	—	29	— — I.......	0 3	2	15 5	12 1	752	751 8	749 3	S.-E. fai.	S.-E. fai.	Nul.
—	—	30	— — J.......	2 2	3	15 4	11 5	748 5	752	751 5	N.-O. fai.	N.-E. fai.	N.-E. B. B
—	—	31	— — K.......	5 4	6	14 2	9	753	753 2	755 3	N.-E. fai.	N.-E. B. B.	N.-E. fai.
—	Février	1er	— — L.......	6 4	7	14	10 5	754 3	755 3	753 2	S.-E. fai.	S.-E. fai.	S.-O. fai.
—	—	2	— — M.......	5	5 5	14 3	10 5	750	752	752 3	N.-E. fai.	S.-E. B. B.	S.-E. fai.
—	—	3	Hassi Botttine................	4 8	5 4	14 3	11 5	752 3	753	754 2	N.-E. B. B.	N.-E. B. B.	S.-E. fai.
—	—	4	—	5 3	6 5	14 3	10	753 5	754	754 5	N.-E. fai.	N.-E. B. B.	N.-E. fai.
—	—	5	Près Ghourd Bou Ghorrâfa—Station N.	5 2	6	12 5	10	754	757 5	756 4	N.-E. B. B.	N.-E. B. B.	N.-E.àp.s
—	—	6	Hassi Bou-Settâche	— 0 5	1 8	15 3	8 5	756	760 3	759	N.-O. fai.	S.-E. fai.	Nul.
—	—	7	Ouad Sioudi..................	2 5	5	13 8	8 3	759	758 8	757 5	N.-E. fai.	N.-E. B. B.	Nul.
—	—	8	Hassi Hameyane ou Ahmeïda-Bel-Kheir.	2 5	7 2	8	10	758 3	758 5	758 5	N.-E. fai.	S.-E. fai.	S.-E. fai.
—	—	9	Dans l'Ouest du Ghourd Metakki...	2 5	4 3	14	9 8	759 3	761	759 8	N. fai.	N. fai.	N. à p. s.
—	—	10	Près Sif Ktef-El-Kelb...........	— 0 3	0 8	13 5	9	758	761 5	762 8	N. fai.	S.-O. fai.	S. var.
—	—	11	Près Sidi-Bou-Hania	— 0 5	1 5	13 6	9 2	759 8	763 3	761 5	N. fai.	N.-E. fai.	Nul.

Ciel.			OBSERVATIONS.
7h M.	12h.	7h S.	
15	16	17	18
Pur.	Pur.	Pur.	Belle journée ; vent de S.-O. faible.
Pur.	Pur.	Pur.	Très belle journée, ciel pur, faible vent de S.-O.
Pur.	Pur.	Pur.	Nuit très froide ; gelée blanche sur le flanc N. des dunes ; belle journée.
Pur.	Pur.	Brumeux.	Forte gelée blanche ; vers 8 h. m. le ciel s'embrume pour se dégager vers 11 h. ; à midi, le ciel est pur ; au coucher du soleil, brumes dans la partie S. du ciel.
1/2 couvert.	Pur.	Pur.	Gelée blanche ; ciel 1/2 couvert (cumulo-stratus), s'éclaircit complètement vers 10 h.; léger vent de S.-E.; bel après-midi.
Pur.	Pur.	Pur.	Nuit très froide ; léger vent de N.-O.; très belle soirée.
Pur.	Pur.	Pur.	Très forte gelée blanche ; faible vent de N.-O. tout l'après-midi ; belle soirée.
Pur.	Pur.	Pur.	Gelée blanche ; bel après-midi avec faible vent de N. O.; soirée froide.
1/2 couvert.	3/4 couvert.	Couvert.	Nuit très froide ; gelée blanche ; à 6 h. m., le ciel se couvre dans sa partie Sud ; à 11 h., vent de S.-O. B.B.; le ciel est aux 3/4 couvert de cumulus. Dans la soirée, ciel complètement couvert ; à 11 h. s., gouttes de pluie avec faible vent de S.-O.; ciel couvert toute la nuit.
Couvert.	3/4 couvert.	Couvert.	Le matin, ciel couvert, vent de S.-O. ; le baromètre baisse sensiblement ; à 7 h. 1/2, gouttes de pluie ; dans l'après-midi, le ciel s'éclaircit légèrement, il se couvre ensuite complètement au coucher du soleil ; à 7 h. s., ciel menaçant ; à 11 h. 1/4, petite averse ; ciel couvert toute la nuit.
Couvert.	Pur.	Beau.	Le matin, ciel en partie découvert ; à 11 h., ciel pur ; vent de N.-O. faible l'après-midi ; au coucher du soleil, ciel couvert dans l'Ouest ; le ciel reste couvert toute la nuit.
Beau.	Pur.	Pur.	Le matin, ciel encombré de cirrus ; à 10 h., ciel pur.
1/4 couvert.	1/2 couvert.	Couvert.	Le matin, petite gelée blanche, ciel nuageux dans la partie S.-E.; après-midi, vents variables de la partie Sud ; à 7. s., ciel couvert. Le baromètre baisse beaucoup.
Pluie.	Couvert.	Couvert.	A 1 h. 1/2 du m., averse de courte durée ; à 4 h. 1/2 du m., pluie fine et régulière, le baromètre baisse sensiblement, vent de S.-O. La pluie tombe jusqu'à 9 h. 1/2 du m., la chute est d'environ 20 millimètres. Légères éclaircies dans l'après-midi, mais à 4 h. s., le ciel est de nouveau complètement couvert ; de 5 1/4 à 6 h. s., violente averse ; à 7 h. ciel couvert et menaçant, il reste dans cet état toute la nuit. Baromètre très bas.
1/4 couvert.	Couvert.	Pur.	Le matin, cumulus dans l'Est ; à 9 h. m., le ciel se charge dans le N.-O.; à midi, ciel couvert et menaçant ; à 1 h. 1/4, averse de courte durée ; à 3 h., légères éclaircies ; au coucher du soleil, le ciel devient pur ; le baromètre commence à remonter ; faible vent de N.-O. toute la nuit.
Pur.	Pur.	Pur.	Vers 6 h. m., le N.-O. souffle en B. B.; à 10 h., le N.-O. est faible. Ciel pur tout le jour.
Pur.	Pur.	Pur.	Rosée très abondante. Belle journée avec N.-O. très variable.
Pur.	Pur.	Pur.	Rosée abondante ; faible vent de N.-O., belle journée.
1/2 couvert.	Pur.	Pur.	Gelée blanche ; le ciel est 1/2 couvert de cirro-stratus, il s'éclaircit à 10 h. m.
1/2 couvert.	Beau.	Brumeux.	Gelée ; à 7 h. m., stratus ; vents variables tout le jour ; à 7 h. s., brumes dans l'Ouest.
Brumeux.	1/2 couvert.	Brumeux.	Le matin, ciel brumeux dans la partie S.; à midi, ciel 1/2 couvert de stratus. Vent de N.-E. toute la nuit.
1/2 couvert.	Couvert.	Couvert.	Très légère rosée ; le ciel est 1/2 couvert de cirro-stratus ; à 7 h. s., ciel couvert de stratus ; éclaircie vers 10 h. m.; le soir, brumeux dans l'ouest, couvert toute la nuit.
Couvert.	1/4 couvert.	1/4 couvert.	Le ciel est couvert de stratus le matin ; éclaircie vers 10 h. m. Ciel couvert toute la nuit.
Couvert.	1/2 couvert.	1/4 couvert.	Au lever du jour, le ciel est couvert de cirro-stratus ; légères éclaircies dans l'après-midi.
Pur.	Pur.	Pur.	L'après-midi est chaud.
Pur.	Beau.	1/4 couvert.	Légère rosée ; à 9 h. m., légers cirrus dans la partie N ; à 7 h. s., ciel couvert dans le S. F.
Pur.	Pur.	Pur.	Légère rosée le matin.
Pur.	Pur.	Pur.	Faible gelée blanche sur le versant N. des dunes ; N.-O. variable tout le jour.
Pur.	Pur.	Pur.	Faible gelée blanche sur le versant N. des dunes ; très belle journée.
Pur.	Pur.	Pur.	Le matin, légère humidité très sensible sur les vêtements ; le N.-E. augmente à partir de 5 h.
Pur.	Pur.	Pur.	Le N.-E. augmente de force à partir de 9 h. m. et continue en B. B. jusqu'au coucher du soleil.
Brumeux.	1/2 couvert.	1/4 couvert.	Au lever du jour, ciel brumeux dans l'Ouest ; à midi, stratus ; à 7 h., s. ciel couvert dans l'Ouest.
Pur.	1/4 couvert.	Pur.	A 10 h. m., cirro-stratus dans la partie N. du ciel.
Couvert.	1/2 couvert.	Pur.	Dès 6 h. m., ciel complètement couvert de cirro-stratus avec N.-E. B. B.; à midi, stratus.
Couvert.	Pur.	Pur.	Le vent de N.-E. fraîchit à partir de 9 h. m. et ne mollit qu'au coucher du soleil. Le ciel s'éclaircit à partir de 11 h.; toute la nuit, faible vent de N. E.
Pur.	Pur.	Pur.	Le N.-E. a fraîchi à partir de 7 h. du matin, et n'a molli qu'au coucher du soleil.
Pur.	Pur.	Pur.	Légère gelée blanche sur le versant nord des dunes ; l'après-midi est chaud.
3/4 couvert.	1/4 couvert.	1/2 couvert.	Dans l'après-midi, nombreux cumulus dans l'Ouest ; ciel couvert toute la nuit.
Pluie.	Couvert.	1/4 couvert.	De 6 h. 45m à 8 h. 1/2, pluie fine ; le vent de S.-E. s'élève à 9 h. m.; à 11 h., petite averse ; à midi, vent variable du N.-E. au S.-E.; température très basse tout l'après-midi avec ciel couvert ; à 5 h. 1/2 éclaircie dans l'Est. Ciel pur à partir de 9 h. du soir.
Pur.	Pur.	Pur.	Rosée abondante. Bel après-midi.
Pur.	Pur.	Pur.	A partir de 5 h. 1/2 m., brouillard intense qui ne se dissipe qu'à 8 h. 1/2 ; gelée blanche ; vents variables faibles.
Pur.	Pur.	Pur.	et Gelée blanche.

BIBLIOTHÈQUE NATIONALE IMPRIMÉS

V

SYNONYMIE ARABE-LATINE DES PLANTES RENCONTRÉES

Aarfedj. — Rhanterium adpressum. *Composées.*
Adjerem. — Anabasis articulata. (Variété.) *Salsolacées.*
Alenda. — Ephedra alata. *Gnétacées.*
Alenda (petit). — Ephedra fragilis. *Gnétacées.*
Ana (T). — Plante du Tassili. — *Non encore déterminée.*
Arisch. — Calligonum comosum. — 3e forme. *Polygonacées.*
Ascaf. — Traganum nudatum. — 2e forme. *Salsolacées.*
Attâssa. — Francœuria crispa. *Composées.*
Azal. — Calligonum comosum. — 2e forme. *Polygonacées.*
Azoul. — Petite *liliacée*, non déterminée, de la région des sables (sud Tunisien).
Baguel. — Anabasis articulata. (Variété.) *Salsolacées.*
Belbal. — Caroxylon tetragonum. *Salsolacées.*
Betoum. — Pistacia terebinthus. *Térébinthacées.*
Bettima *ou* Bothima. — Hyoscyamus falezlez. *Solanacées.*
Bou-Rouicha. — Arthratherum floccosum. — Forme petite du *neçi* des gassis. *Graminées.*
Bous-el-Begra *ou* Saâd. — Cyperus conglomeratus. (Var. arenarius.) *Cypéracées.*
Chabrek *ou* Chabreg. — Zilla macroptera. *Crucifères.*
Chaliate. — Sysimbrium irio. *Crucifères.*
Chihh. — Artemisia herba alba. *Composées.*
Chorreïka. — Fagonia Sinaica. *Zygophyllacées.*
Chouayïa. — Tanacetum cinereum. *Composées.*
Dhamrane. — Traganum nudatum. — 1re forme. *Salsolacées.*
Dhânoune. — Phelippæa violacea. *Orobanchacées.*
Diss. — Ampelodesmos tenax; Imperata cylindrica. *Graminées.*
Djedari. — Rhus oxyacanthoides. *Térébinthacées.*
Djel. — Salsola soda. *Salsolacées.*
Drinn. — Arthratherum pungens. *Graminées.*

Ehébile. — *Graminée* très voisine de l'Arthratherum brachyatherum.
Ethel. — Tamarix articulata. *Tamariscinées.*
Ghalga. — Dæmia cordata. *Asclépiadées.*
Ghessal. — Halocnemum fruticosa. *Salsolacées.*
Goulglane. — Savignya longistyla. *Crucifères.*
Gouzzâh. — Deverra chlorantha. *Ombellifères.*
Guedhom. — Salsola vermiculata. *Salsolacées.*
Guedhom-el-Azreg. — Randonia africana. *Résédacées.*
Guetaf. — Atriplex halimus. *Salsolacées.*
Habalïa. — Morettia canescens. *Crucifères.*
Had. — Cornulaca monacantha. *Salsolacées.*
Halma. — Plantago ovata. *Plantaginacées.*
Hanna-ed-Djemel. — Henophiton deserti. *Crucifères.*
Harra n° 2. — Dyplotaxis Duveyrierana et plusieurs autres *Crucifères.*
Harta. — Calligonum comosum. — 1re forme. *Polygonacées.*
Kellekh. — Ferula vesceritana. *Ombellifères.*
Kesdir. — Anthyllis cericea. *Légumineuses.*
Khiata. — Marrubium deserti. *Labiées.*
Khreïs (bou). — Crotalaria Saharæ. *Légumineuses.*
Korunka. — Calotropis procera. *Asclépiadées.*
Krom. — Brassica (divers). *Crucifères.*
Lemmad. — Andropogon laniger. *Graminées.*
Meleïfa. — Frankenia pulverulenta. *Frankéniacées.*
Merekh. — Genista Saharæ. *Légumineuses.*
Métnane. — Passerina hirsuta. *Thyméléacées.*
Mrokba. — Pennisetum dichotomum. *Graminées.*
Naâmïa. — Mathiola livida. *Crucifères.*
Neçi. — Arthratherum plumosum. *Graminées.*
Noggued. — Astericus graveolens. *Composées.*
Reguig. — Fagonia fruticans. *Zygophyllacées.*
Remeth *ou* Remtz. — Caroxylon articulatum. *Salsolacées.*
Rtem. — Retama divers. *Légumineuses.*
Saâd *ou* Bous-el-Begra. — Cyperus conglomeratus. (Var. arenarius.) *Cypéracées.*
Saâdane. — Neurada procumbens. *Rosacées.*
Sarre *ou* Sogh. — Echinops spinosus; et Atractylis citrina. *Composées.*
Sbott *ou* Sbeïtt. — Arthratherum pungens. (Var. non encore déterminée.) *Graminées.*
Sedra *ou* Seder. — Zyzyphus lotus. Jujubier. *Rhamnacées.*
Semhari. — Helianthemum sessiliflorum. *Cistacées.*
Sffar. — Arthratherum plumosum; A. brachyatherum. *Graminées.*
Sogh *ou* Sarre. — Echinops spinosus; et Atractylis citrina. *Composées.*
Soliane. — Arthratherum obtusum. *Graminées.*

Souid. — Salsola vera; Suæda vermiculata. *Salsolacées.*

Talâh. — Acacia tortilis. Gommier. *Légumineuses.*

Tarfa. — Tamarix gallica, et divers autres. *Tamariscinées.*

Tarsous. — Phelippæa violacea. (Variété). *Orobanchacées.*

Tassekra. — Chardon à feuilles panachées de l'erg. *Composées.*

Tatrât. — Plante non déterminée appartenant à la famille des *Composées.*

Tâzia. — Asphodelus tenuifolius. *Liliacées.*

Teurfas. — Terfezia Leonis et divers; Tuber niveum. *Champignons.*

Zita. — Limoniastrum guyonianum. *Plombaginacées.*

VI

GLOSSAIRE DES TERMES GÉOGRAPHIQUES ARABES

Adeb. — Colline de petite dimension à pentes très douces, généralement rocheuses.

Aleb, Aleub. — Colline allongée en dos d'âne.

Areg, au sing. **Erg;** dimin. **Arigat.** — Massif de dunes.

Aricha. — Espaces de peu d'étendue, couverts de sable et nourrissant du Rtem seulement, situés sur les rebords des plateaux rocheux.

Armath. — Petits siouf ou petites dunes massées, très basses et très peu importantes.

Bakhbakha. — Terrain spongieux (quoique composé de poussières) dans lequel les hommes ou les animaux enfoncent de 8 ou 10 centimètres en soulevant des flots de poussière. Ce terrain est généralement composé de poussières de gypse plus ou moins mélangé de matières terreuses en particules extrêmement ténues.

Bâten. — Flanc en pente douce d'une montagne, d'une colline, d'un ghourd, d'une chaîne de dunes.

Chaâba, chaâb, châbet. — Ravin dans une hamada ou entre des gour; système de ravins sinueux, tourmentés et très multiples.

Chebka. — Réseau de ravins; pays sillonné de ravins.

Chorrâfa. — Pluies partielles ayant arrosé des surfaces restreintes; pluie provenant de nuages isolés ou d'orages localisés; pluies par places. S'applique aussi bien à ce genre de pluie qu'aux surfaces qu'elle a arrosées.

Chriâha. — Cuve en débris de roche, en plâtre ou en argile ou en terre, en forme de cuvette située aux orifices des puits pour abreuver les troupeaux. — Auge d'abreuvage.

Dabdaba. — Sol de roche de gypse gris nu et uni.

Daïa, Daya, Dhâya. — Petite dépression sans berges où se rendent les eaux de pluie et où l'on trouve presque toujours de la végétation.

Djedar. — Vigie de route généralement construite avec des débris de roche.

Draâ. — Chaîne de collines et surtout de dunes, peu épaisse, assez longue.

Feidj. —Trouée ou vallée plus ou moins grande entre des dunes, à sol plan et composé de reg fin et plus généralement de nebka ou sable fin dans lequel on enfonce peu. Les Feidjs ont presque toujours de la végétation.

Gara, plur. **Gour.** — Témoin rocheux ou colline isolée à pentes très raides, le plus souvent même à pic, et à sommet généralement tabulaire. Témoin d'érosion.

Gassi. — Couloir entre des dunes, à sol dur de reg ou de roche. Les gassis n'ont presque jamais de végétation, sauf après les pluies, quelques graminées temporaires.

Ghedir. — Point qui conserve de l'eau plus ou moins longtemps après les pluies, soit que son sol soit de l'argile ou de la roche à petites cuvettes.

Ghezi. — Bande organisée pour le vol de troupeaux, et le pillage de caravanes et de campements.

Ghorrâfa. — Chaudron, vaste anfractuosité à surfaces courbes, large concavité à pentes raides courbes au flanc d'une grande dune. Les Arabes appellent *Bou-Ghorrâfa* un ghourd creusé de larges surfaces concaves partant du sommet et se terminant à la base du ghourd.

Ghourd, plur. **Oghroud,** dimin. **Gheridat.** — Grande dune; pitons de sable du grand erg.

Gouïret, diminutif de **Gara.** — Petit témoin rocheux isolé.

Guelta. — Cuvette située dans un lit de rivière qui par sa position, sa profondeur ou la nature de son sol, conserve longtemps l'eau des pluies ou des crues.

Guemira. — Vigie de route, vigie indiquant un puits. Généralement construite en broussailles amoncelées, ou en bois plus ou moins gros, quelquefois aussi en maçonnerie de plâtre.

Guentra, plur. **Gnater.** — Ligne de hauteurs rocheuses entre des dépressions; collines allongées à sol de roche.

Haïchat. — Terrain de sable (gypseux en général), très mamelonné de petites buttes et couvert d'une forte végétation.

Hameyane. — Nom donné par les indigènes aux races anciennes; en quelque sorte l'homme préhistorique, l'homme de l'époque du silex taillé.

Hasba. — Gravier, détritus fins de roches non roulés.

Hamada. — Plateaux plats ou ondulés à sol de roche ou de détritus de roches.

Hârch. — Dur, rugueux. Les Arabes donnent à un ghourd la qualification de *Hârch* lorsque ses flancs sont composés d'une multitude de creux et de bosses qui lui donnent en quelque sorte un aspect rugueux et moutonné, c'est-à-dire une sorte de quadrillé de lumières et d'ombres.

Harka. — Expédition armée ayant pour but le pillage ou la vengeance.

Houdh. — Grandes dépressions à sol de reg, en général, et à berges très accentuées; c'est le nom que l'on emploie pour qualifier les dépressions qui se trouvent dans la région des *Gnater*.

Kef, plur. **Kifane.** — Promontoires rocheux, pics, escarpements dont les pentes sont à pic ou très raides.

Khelidj. — Se dit d'un lit resserré encaissé dans le lit majeur d'une rivière, mais seulement lorsque ce thalweg mineur est étroit, à berges peu élevées et *couvertes de végétation.*

Kreb. — Collines allongées recouvertes de sable et de végétation (locution du Sud Tunisien).

Maâder. — Sol bas couvert de végétation; estuaire de rivière où s'élargit le lit de l'ouad; généralement sol argileux couvert de végétation et submergé pendant les crues.

Marfag. — Promontoire, cap, éperon; ne s'emploie guère que pour les éperons de l'erg.

Medjebed. — Chemin de caravanes, composé d'un plus ou moins grand nombre de pistes à chameaux (*Mraïr*); route.

Menkeb. — Promontoire, cap, éperon, extrémité d'une chaîne; ne s'emploie que pour les éperons de l'erg; à peu près équivalent à *Marfag.*

Mechera. — Mare d'eau; flaque d'eau temporaire laissée par les pluies ou par les crues, en un point bas, ou dans les lits de rivières.

Mehabess. — Perte, arrêt d'un ouad dans un bas-fond; bas-fond sans écoulement.

Mrira, plur. **Mraïr.** — Sentier, piste; la réunion de plusieurs *Mraïr* constitue un *Medjebed.*

Nebka. — Terrain de sable fin et tassé où les hommes et les animaux enfoncent peu.

Ogla; Oglat. — Réunion de plusieurs puits en un seul point, où l'eau est très rapprochée du sol.

Ouar; El-Ouar. — Difficile; partie de contrée très difficile à la marche; s'applique surtout à l'erg.

Oudje. — Bordure de l'erg; joue de l'erg.

Redjem. — Vigie de route; généralement construite en débris de roches.

Reg. — Sol plan, ferme, composé de graviers ou de cailloux et galets roulés plus ou moins gros, ou de petit débris de roche, dans lequel on n'enfonce point. Il est assez généralement sans végétation.

Safia. — Roche de calcaire uni et poli, plate et brillante. Grandes dalles de pierres horizontales et polies.

Sahal. — Facile; se dit d'un sol sans difficultés, d'une route sans obstacles, etc...

Sahane. — Cuvette de petite dimension avec berges peu accentuées, et plus généralement sans berges. Feidj de petite dimension, dans la région des dunes.

Schefra. — Coupure, faille, entaille profonde à bords à pic faite par le passage d'une rivière dans un massif montagneux; — s'applique à tous les grands ravins à bords à pic se jetant dans la rivière majeure; — s'applique surtout à la crête des berges desdites coupures, failles, entailles, etc...

Schouaf. — Éclaireurs; sentinelles postées sur un point élevé; gardes chargés de surveiller le terrain.

Sebkha. — Bas-fond à sol salé et souvent humide.

Sif, plur. **Siouf.** — Lignes sinueuses de dunes basses à arêtes vives qui rejoignent entre eux les grands oghroud. — Rides de sable isolées.

Sil, plur. **Sioul.** — Petits lits qui ont coulé dans le thalweg d'une rivière ou sur une hamada.

Sniga, plur. **Snaïg.** — Cuvette profonde, chaudron, entonnoir, gouffre; — ne s'emploie avec ce sens que pour désigner les dépressions dans les dunes. Son équivalent littéral est sentier, ruelle.

Sobba. — Cascade; chute d'eau.

Teniet, Tenia, Tsenia. — Col, défilé, passage élevé et sinueux franchissant une ligne de crêtes entre des sommets; — s'emploie aussi bien pour l'erg que pour les montagnes.

Tilmas, plur. **Tilmamis.** — Point qui conserve les eaux de pluie, non pas à la surface du sol, mais à une faible profondeur sous une légère couche de sable ou de gravier. Les Tilmas sont toujours situés dans les lits de rivières. (*Berbère.*)

Torba. — Les Arabes nomment ainsi une sorte de terre à foulon qui se trouve par places dans le Sahara, en poussière très fine, et qui leur sert au lavage de leur burnous; mais le plus souvent ils appliquent cette dénomination à du gypse en poussière généralement blanche, mais parfois jaune, grise, noirâtre et rougeâtre.

Zeriba, plur. **Zeraïb.** — Sorte de gourbi ou de cabane construit avec des perches recouvertes de Drinn et servant d'habitation d'été, dans le Sahara, aux nomades (ce sens est celui employé dans le Sahara algérien).

BIBLIOTHÈQUE NATIONALE R.F. IMPRIMÉS

TABLE

CARNET DE ROUTE

APPENDICES

BIBLIOTHÈQUE NATIONALE R.F. IMPRIMÉS

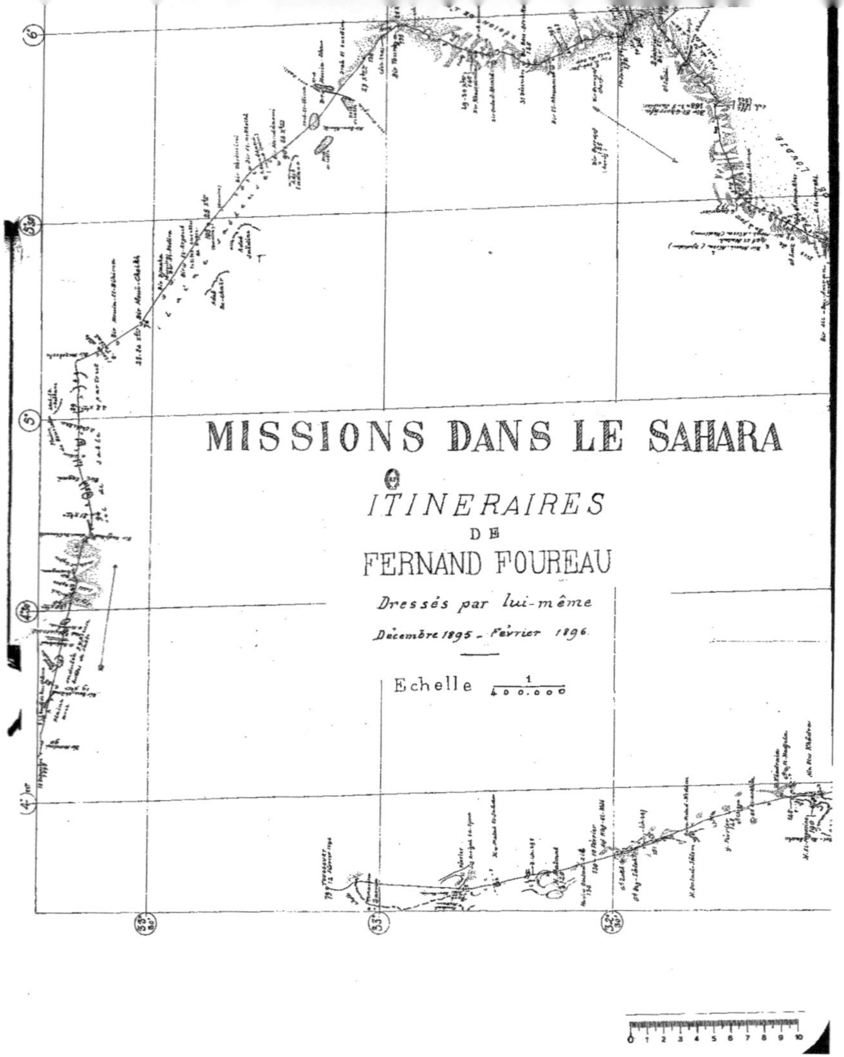

MISSIONS DANS LE SAHARA

ITINERAIRES

DE

FERNAND FOUREAU

Dressés par lui-même

Décembre 1895 – Février 1896.

Echelle $\frac{1}{400.000}$

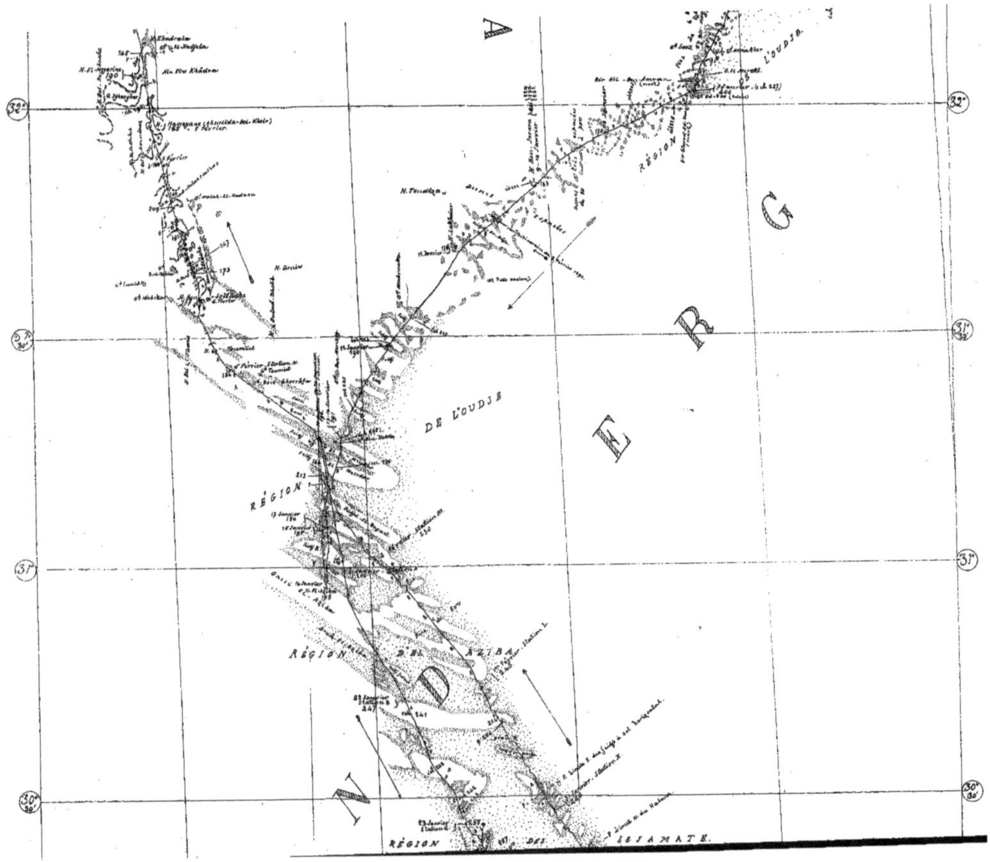
A
E
R
G
E
N
D
RÉGION DE L'OUDJE
RÉGION D'EL ADIBA
RÉGION DES IEJAMATE
32°
31° 30'
31°
30° 30'

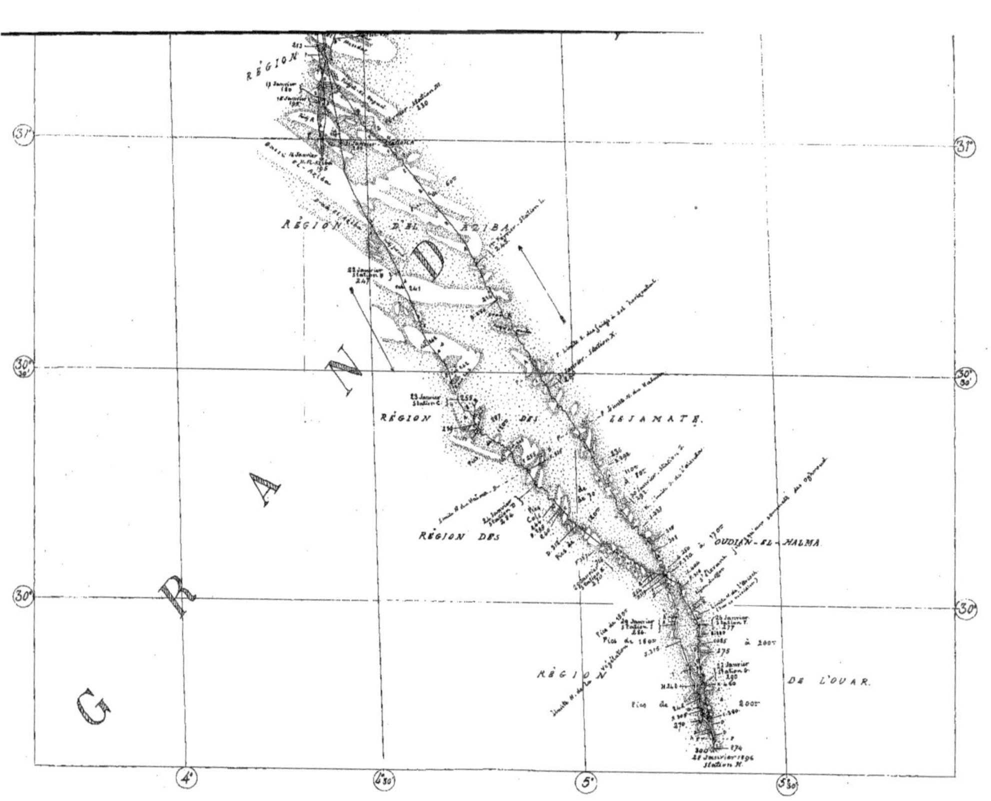
RÉGION
RÉGION D'EL ADIBA
RÉGION DES ZEJAMATE
RÉGION DES OUDIAN-EL-HALMA
RÉGION DE L'OUAR
G R A N D
31°
30° 30'
30°
4°
4° 30'
5°
5° 30'
28 Janvier 1896
Station H.

OUVRAGES DU MÊME AUTEUR :

Extrait du Carnet de route. Brochure in-4° avec carte. — 1883.

Itinéraires au Sud de Touggourt. Brochure in-4° avec carte. — 1886.

Carte d'une partie du Sahara septentrional; Échelle de $\frac{1}{1,000,000}$. (*Prix Erhard de la Société de Géographie.*) — 1888.

Conférence à la Société de Géographie sur ma mission. Brochure in-8°. — 1890.

Une mission au Tademayt. Un vol. gr. in-8° avec photogravures et carte. — 1890.

Rapport sur mes deux missions Sahariennes de 1892 et 1893. Un volume grand in-4° avec cartes. — Juillet 1893.

Une mission chez les Touareg. *Conférence à la Société de Géographie.* Brochure gr. in-8°. — 1893.

Ma mission de 1893-1894 chez les Touareg Azdjer. *Conférence à la Société de Géographie.* Brochure gr. in-8°. — 1894.

Rapport sur ma mission au Sahara et chez les Touareg Azdjer. Octobre 1893-Mars 1894. Un vol. gr. in-8° avec atlas de 4 cartes. — Septembre 1894.

Mission chez les Touareg; mes deux itinéraires Sahariens, d'octobre 1894 à mai 1895. Un vol. gr. in-8° avec cartes. — Novembre 1895.

Essai de catalogue des noms arabes et berbères de quelques plantes, arbustes et arbres algériens et sahariens. (*Ouvrage honoré d'une subvention de l'association française pour l'avancement des sciences*). Brochure in-4°. — 1896.

TYPOGRAPHIE FIRMIN-DIDOT ET Cie. — MESNIL (EURE).

www.ingramcontent.com/pod-product-compliance
Lightning Source LLC
LaVergne TN
LVHW020337230826
846091LV00003B/912

* 9 7 8 2 0 1 3 6 3 1 0 8 2 *